Ich sc
Gesch

cbj

Welttag des Buches 2011

Wir danken den Autorinnen und Autoren, die ihren Leserinnen und Lesern die in diesem Buch enthaltenen Geschichten geschrieben und geschenkt haben.

Wir danken den Buchhandlungen, die mit ihrem Engagement dieses Buch und den Welttag unterstützen.

Wir danken folgenden Firmen, mit deren freundlicher Unterstützung dieses Buch ermöglicht wurde:

Salzer Papier GmbH, Austria
(Textpapier)
Tullis Russel Company, Schottland
(Umschlagkarton)
Uhl + Massopust, Aalen (Satz)
Repro Stegmüller, München
(Umschlagrepro)
GGP Media GmbH, Pößneck
(Druck/Bindung)
VVA Vereinigte Verlagsauslieferungen,
Gütersloh

Ich schenk dir eine Geschichte 2011

Mutgeschichten

Herausgegeben von
der Stiftung Lesen
in Zusammenarbeit
mit der
Verlagsgruppe Random House,
der Deutschen Post
und dem ZDF

cbj

cbj ist der Kinder- und Jugendbuchverlag
in der Verlagsgruppe Random House

cbj-Taschenbücher gibt's in Buchhandlungen, in Buchabteilungen der Warenhäuser und überall, wo man Bücher kaufen kann.
Buchhandlungen sind gerne bereit, jedes lieferbare cbj-Taschenbuch schnell zu besorgen.
Das cbj-Gesamtverzeichnis gibt's beim Buchhändler oder unter dieser Adresse: cbj, Prospektservice, 81664 München

Informationen über unser Programm im Internet:
http://www.cbj-verlag.de

MIX
Papier aus verantwortungsvollen Quellen
FSC® C014496

Verlagsgruppe Random House FSC-DEU-0100
Das FSC®-zertifizierte Papier *Salzer Alpin* für dieses Buch liefert Salzer GmbH, St. Pölten, Austria.

Einmalige Sonderausgabe April 2011
Gesetzt nach den Regeln der Rechtschreibreform

Umschlagbild: Gerhard Schröder
Umschlaggestaltung: Klaus Renner
MI · Herstellung: CZ
Satz: Uhl + Massopust, Aalen
Druck und Bindung: GGP Media GmbH, Pößneck
ISBN: 978-3-570-29000-2
Printed in Germany

Vorwort

Ein Friedhof zur Geisterstunde: Fahles Mondlicht bescheint die düsteren Grabsteine, es ist im wahrsten Sinne des Wortes totenstill – nur im Gebüsch raschelt es unheimlich. Die meisten Kinder finden es sicher ziemlich mutig, einen solchen Ort um diese Uhrzeit zu betreten. Nun, soviel kann verraten werden: In diesem Buch werden sie zwei sympathische, aber alles andere als alltägliche Freunde kennen lernen, die es aus guten Gründen viel mutiger finden, mitten in der Nacht einen Friedhof zu verlassen …

Mutig-Sein kann also ganz schön unterschiedlich aussehen. Die sieben Geschichten in unserem neuen Welttagsbuch »Ich schenk dir eine Geschichte 2011«, die sich alle um dieses Thema drehen, sind daher sehr vielfältig. Aber eines haben sie gemeinsam: Sie sind so aufregend, dass es knistert. Denn Mut ist ja vor allem dann gefragt, wenn es brenzlig, knifflig oder abenteuerlich wird.

Wir freuen uns sehr, dass wir mit dem diesjährigen Welttagsbuch wieder über 100 Seiten spannenden Lesestoff präsentieren können, den sich bekannte Autorinnen und Autoren exklusiv für euch ausgedacht haben. Alle Viert- und Fünftklässler in Deutschland haben die Chance, rund um den Welttag des Buches am 23. April 2011, kostenlos ein Exemplar zu erhalten. Möglich macht das eine große Buch-Gutschein-Aktion, die ohne den Einsatz der Buchhändlerinnen und Buchhändler nicht realisiert werden könnte. Ihnen und allen anderen Beteiligten an dieser groß angelegten Leseförderungs-Initiative möchten wir herzlich Danke sagen.

Nun heißt es nur noch einmal umblättern – und das Lese-Abenteuer beginnt. Und ganz gleich, ob nun gerade der Mond durch das Zimmerfenster in das aufgeschlagene Buch hineinleuchtet oder die Mittagssonne: Wir wünschen viel Lesevergnügen!

Jürgen Weidenbach
Verleger und Geschäftsführer cbj Verlag

Frank Appel
Deutsche Post AG

Rolf Pitsch
Vorstandsvorsitzender der Stiftung Lesen

Markus Schächter
Intendant des ZDF

Inhalt

Michael Borlik

Cassandras Geheimnis

Leandro saß in der hintersten Ecke seines Bettes. Die Arme fest um die angezogenen Knie geschlungen, die Augen weit aufgerissen. Da waren sie wieder: all die unheimlichen Geräusche, die nur in der Nacht zum Leben erwachten. Auf dem Dachboden über seinem Zimmer knarrte es verdächtig. Aus den Wänden drangen leise Klopfgeräusche und durch das geöffnete Fenster wisperten schnarrende Stimmen. Seine Mutter behauptete immer, dass es bloß die Mäuse wären und der nächtliche Wind, aber Leandro wusste es besser: Das hier war ein Geisterhaus.

Ganz behutsam, um ja keinen Laut zu verursachen, kletterte er aus dem Bett und schlich auf Zehenspitzen zum Fenster. Der Garten war in das bleiche Licht des Mondes getaucht, dennoch lauerten überall pechschwarze Schatten. Unter den Bäumen, zwischen den Sträuchern, unter der Hecke. Schatten, die Leandros Augen nicht zu durchdringen vermochten und in denen sich wer weiß was verbergen konnte. Bösartige Kobolde, hässliche Goblins, giftige Schnapper. Vielleicht sogar noch Schlimmeres. Sie alle lungerten dort draußen herum und warteten nur darauf, dass er das Haus verließ. Cassandra hatte ihm von den Kreaturen erzählt, und auch von den ruhelosen Geistern, den ewig hungrigen Bluttrinkern und den wandelnden Untoten. Allein bei dem Gedanken an diese Wesen grauste es Leandro.

»Cassandra, Cassandra, Cassandra«, murmelte er ihren Namen wie eine magische Beschwörungsformel. Wo blieb sie nur? Sie war seine einzige Freundin, und er hasste es, wenn sie ihn warten ließ. Aber noch war ja nicht Mitternacht.

Leandros Blick glitt über die Hecke hinweg zum Friedhof, der gleich hinter dem Garten lag. Weiße Nebelschwaden zogen träge zwischen den grauen, im Mondlicht schimmernden Grabsteinen umher. So wie in jeder Nacht. Niemals wagten sie sich über die Grenzen des Friedhofs hinaus, als wären sie mit ihm verhaftet. Gebannt von einem vergessenen Zauber. Vor langer Zeit hatte Leandros Mutter ihm einmal erzählt, es läge daran, dass dort einst ein Sumpf gewesen sei. Und vielleicht stimmte das sogar, trotzdem war dieser Friedhof anders als andere. Leandro war sich sicher. Manchmal hatte er sogar das Gefühl, der Friedhof riefe nach ihm.

»Buh!«

Leandro zuckte zusammen.

Cassandra stand direkt hinter ihm und grinste breit. »So schreckhaft wie eh und je«, sagte sie. »Wirst du das denn niemals ablegen?«

»Wie ... wie hast du das schon wieder gemacht?«, fragte er verstört. Jedes Mal aufs Neue schaffte Cassandra es, sich unbemerkt an ihn heranzuschleichen. Nicht einmal die Bodendielen knarrten unter ihren Schritten.

Cassandra antwortete ihm jedoch nicht, sondern lächelte nur geheimnisvoll. Wie meistens. Gleich darauf trat sie neben ihn, um einen Blick aus dem Fenster zu werfen.

Leandro musterte sie stumm von der Seite. Er wusste nicht einmal, warum er dieses sonderbare Mädchen mochte. Eigentlich hätte er sich vielmehr vor ihr fürchten sollen. Ohnehin fürchtete Leandro sich viel zu sehr vor viel zu vielen Dingen. Nicht nur vor der Nacht. Auch vor Höhen, engen Räumen und fremden Menschen. Darum verließ er auch nie das Haus. Nur vor Cassandra hatte er von Anfang an keine Angst gehabt. Vielleicht weil sie so ungewöhnlich war. So faszinierend.

»Von hier sieht er so anders aus«, sagte sie.

Leandro folgte ihrem Blick. Cassandra sprach vom Friedhof. Wovon auch sonst? Sie redete gerne über ihn und behauptete sogar, dass sie dort lebe. Aber das nahm Leandro ihr nicht ab. Wer wohnte schon freiwillig auf einem Friedhof?

In diesem Moment wandte Cassandra ihm das Gesicht zu, so als hätte sie seine Gedanken erraten. »Willst du nicht mit mir kommen?« Ihre Augen fixierten Leandro. »Nur ein einziges Mal, ja? Es wird dir auch gefallen. Ich schwöre es!«

Wie oft hatte sie ihn das schon gefragt. Und wie oft hatte Leandro immer wieder mit Nein geantwortet. Er wusste es schon nicht mehr. »Aber was ist mit den Bluttrinkern?«, wandte er besorgt ein. »Mit den Untoten und den Schnappern?«

»Was soll schon mit ihnen sein?«, erwiderte Cassandra achselzuckend. Dann seufzte sie. »Ich hätte dir besser nie von ihnen erzählt, aber ich hatte gehofft…«

»Was hattest du gehofft?«, fragte Leandro, als sie nicht gleich weitersprach.

Cassandra antwortete ihm jedoch nicht. »Es tut mir leid«, sagte sie stattdessen. »Es ist alles meine Schuld.«

»Deine Schuld?« Das verwirrte ihn nur noch mehr.

Sie nickte traurig.

»Das verstehe ich nicht.« Manchmal sprach Cassandra wirklich in Rätseln.

»Ich muss jetzt gehen«, sagte sie plötzlich. »Ich habe noch etwas zu erledigen und in wenigen Stunden bricht bereits der neue Tag an. Aber morgen komme ich wieder.«

»Versprochen?«

»Versprochen!«, sagte Cassandra, dann verließ sie das Zimmer. Leandro blieb allein zurück. Sofort kletterte er zurück in sein Bett und verkroch sich unter der Decke. Warum musste Cassandra nur immer wieder fort? Warum konnte sie nicht einfach bei ihm wohnen? Wenn sie in der Nähe war, fühlte er sich zumindest ein wenig sicherer.

Als Leandro das nächste Mal die Augen aufschlug, war es wieder dunkel. Erneut hatte er den ganzen Tag verschlafen. Das kam nur daher, dass er jede Nacht wach lag und auf Cassandras Besuche wartete. Vermutlich merkte seine Mutter es nicht einmal, weil sie eh von morgens bis abends arbeiten musste. Kurz dachte er an früher, an die Nachmittage, die sie gemeinsam draußen im Garten verbracht hatten. Lachend und fröhlich. Wie lange lag das schon zurück? Leandro kam es wie eine Ewigkeit vor.

Plötzlich zuckte er heftig zusammen. Da war ein Geräusch gewesen, und es hörte sich an, als wäre es von unten gekommen. Ob es Cassandra war, die wieder einmal versuchte, heimlich ins Haus zu gelangen? Ein Lächeln stahl sich auf Leandros Gesicht.

Das war seine Chance. Jetzt konnte er ihr beweisen, dass er kein kompletter Angsthase war, indem er zur Abwechslung einmal sie erschreckte. Ganz leise trippelte Leandro hinaus auf den Flur vor seinem Zimmer und dann hinunter ins Erdgeschoss. Naserümpfend blickte er sich im Haus um. Seine Mutter könnte ruhig einmal wieder Staub wischen. Hier hingen ja überall Spinnweben.

Hab ich dich, dachte Leandro, als er am Fenster einen Schatten vorbeihuschen sah. Doch gleich darauf kamen ihm bereits Bedenken. Vielleicht war das ja gar nicht Cassandra. Sofort schlug sein Herz schneller und Furcht verwandelte seinen Magen in einen frostigen Eisklumpen. Ganz kurz stand Leandro davor, einfach umzudrehen und zurück auf sein Zimmer zu stürmen. Aber dann riss er sich zusammen. Es musste einfach Cassandra sein.

Auf Zehenspitzen schlich Leandro rüber ins Wohnzimmer. Bestimmt würde sie es als Nächstes bei der Terrasse versuchen. Er hatte den Raum kaum zur Hälfte durchquert, als ein markerschütterndes Geheul die Nacht aufrüttelte. Leandros Nackenhärchen stellten sich auf. Ob das ein Werwolf war?

Er schluckte.

Bestimmt hausten auch von denen

welche auf dem Friedhof, aber wenigstens war er hier im Haus vor ihnen sicher. Trotz des beruhigenden Gedankens zitterte Leandro am ganzen Körper, während er weiter zur Terrassentür schlich. Mittlerweile war er ihr so nahe, dass er sehen konnte, wie sich im Dunkeln etwas davor bewegte. Cassandra!

Leandro grinste. Gleich würde er sich revanchieren und ihr den Schrecken ihres Lebens verpassen. Ganz langsam streckte er die Hand nach der Tür aus, als ihn plötzlich rot glühende Augen durch die Scheibe anstarrten. Schreiend wirbelte Leandro herum, flitzte die Treppe hinauf und geradewegs in sein Zimmer, wo Cassandra ihn bereits erwartete. Mit vor der Brust verschränkten Armen saß sie auf seinem Bett und bebte am ganzen Körper, als versuchte sie, ein Lachen zu unterdrücken.

»Ich habe noch nie jemanden so schnell laufen sehen«, prustete sie im nächsten Augenblick los.

Leandro warf ihr einen ärgerlichen Blick zu. »Ich finde das gar nicht komisch. Da war etwas am Fenster. Ein scheußliches Monster mit roten Augen. Vielleicht … vielleicht war es ein böser Geist.«

Cassandra verstummte und ein wehmütiger Ausdruck legte sich über ihr blasses Gesicht. »Ganz bestimmt war es kein Geist«, sagte sie. »Die können den Friedhof nämlich nicht verlassen.«

Leandro ließ sich schnaubend neben ihr aufs Bett fallen. »Woher weißt du das eigentlich alles?«, fragte er. »Ich meine, über die Untoten und Geister und so. Und warum hast *du* eigentlich keine Angst vor ihnen?«

»Warum sollte ich?«, antwortete Cassandra. »Sie würden mir nie etwas tun.«

Wieder so eine seltsame Antwort.

Allmählich hatte Leandro genug von den vielen Andeutungen und Rätseln. Auch wenn er Cassandra mochte, sogar sehr mochte, gefiel ihm nicht, dass sie ihm so vieles verschwieg. Er kniff die Lider zusammen, um Cassandra ganz genau zu betrachten. Ihre Augen leuchteten so blau wie ein warmer Sommertag, ihre feinen Züge hingegen schimmerten so weiß wie frisch gefallener Schnee. Verwirrt runzelte er die Stirn. Wieso konnte er ihr Gesicht überhaupt so gut erkennen, obwohl im Zimmer nicht einmal Licht brannte?

»Wer bist du wirklich?«, wagte Leandro zum ersten Mal zu fragen, seitdem sie sich begegnet waren.

Wieder antwortete Cassandra ihm nur mit ihrem geheimnisvollen Lächeln, woraufhin Leandro ihr beleidigt den Rücken zuwandte.

»Du bist sauer«, sagte sie. »Das wollte ich nicht. Komm schon, wir sind doch Freunde!«

»Sind wir?«, fragte Leandro spitz und ohne sich zu ihr umzudrehen.

Cassandra seufzte. »Also schön, morgen Nacht werde ich dir alles über mich verraten. Aber jetzt muss ich heim. Ich bin schrecklich müde.« Sie stand vom Bett auf und ging zur Tür. Dort blieb sie noch einmal stehen. »Sei mir bitte nicht böse, Leandro. Ich könnte das nicht ertragen.«

Er wandte ihr das Gesicht zu und ein feines Lächeln verzog seine Mundwinkel. »Ich bin dir nicht böse«, sagte er. »Nicht wirklich. Ich habe doch niemanden außer dir!«

»Wir sehen uns dann morgen um Mitternacht. Und lauf ja nicht weg.« Sie zwinkerte ihm zum Abschied zu. »Ich habe dir nämlich eine unglaubliche Geschichte zu erzählen!«

In der nächsten Nacht wartete Leandro so ungeduldig auf Cassandras Besuch, dass er wie ein eingesperrter Tiger in seinem Zimmer auf und ab lief. Als die ferne Kirchturmuhr mit dem zwölften Schlag die Geisterstunde verkündete, riss er vor lauter Verzweiflung die Zimmertür auf. Wo blieb seine Freundin nur? Sie war doch sonst immer pünktlich. Gleich darauf warf er die Tür wieder zu. Das durfte einfach nicht wahr sein. Ausgerechnet heute, wo sie ihm ihr Geheimnis erzählen wollte, war sie spät dran. Als die Kirchturmuhr schließlich die erste Stunde des neuen Tages verkündete und es von Cassandra immer noch keine Spur gab, war Leandro überzeugt, dass irgendetwas nicht stimmte.

Es muss ihr etwas zugestoßen sein, dachte er besorgt.

Cassandra hatte zwar vor nichts Angst, aber das würde einen Vampir oder Werwolf ganz bestimmt nicht daran hindern, sie zu beißen. Leandro schauderte allein bei der Vorstellung. Vielleicht war sie ja sogar verletzt und lag irgendwo hilflos herum. Er lief zum Fenster und blickte hinüber zum Friedhof. Der volle Mond tauchte ihn in ein gespenstisches Licht, und da waren ganz deutlich Gestalten zu sehen, die im Nebel umherhuschten. Sogar mehr als sonst.

Leandro schüttelte sich. Für ihn gab es keinen gruseligeren Ort auf der Welt. Aber wenn es stimmte, was Cassandra ihm erzählt hatte, war der Friedhof ihr Zuhause. Allein bei der Vorstellung, im Dunkeln zwischen den uralten Grabsteinen umherzuschleichen, umgeben von gefährlichen und bösartigen Bestien, drehte sich Leandro der Magen um. Doch wenn Cassandra wirklich seine Hilfe brauchte, würde er sie ganz sicher nicht im Stich lassen. Egal wie viel Angst er vor der Dunkelheit und ihren Bewohnern hatte, noch mehr fürchtete Leandro sich davor, von nun an jede Nacht alleine und ohne Cassandras tröstende Besuche in diesem unheimlichen Haus verbringen zu müssen.

»Ich werde dich retten, Cassandra!«, rief Leandro laut aus. Was er vor allen Dingen deshalb tat, um sich selbst davon zu überzeugen. Anschließend machte er sich auf den Weg ins Erdgeschoss. Doch als er die Hand nach der Haustür ausstreckte, zitterte sie so stark, dass er auch noch die andere dazunehmen musste, um sie zu öffnen.

Als Leandro kurz darauf vor dem Friedhof stand, raste sein Herz wie wild, und seinen Nacken rannen eiskalte Schweißtropfen hinab.

»Du kannst das«, sagte er sich, »denn das hier tust du für Cassandra.«

Nun schloss er die Augen und machte drei lange Schritte. Als er gleich darauf die Lider wieder aufschlug, hatte er das verrostete Friedhofstor passiert, und träge Nebelschwaden waberten um seine Knie. Leandro schluckte. Er brauchte die Hand bloß auszustrecken, um einen der schiefen nachtschwarzen Grabsteine berühren zu können.

Ganz langsam ließ er den Blick von links nach rechts wandern. Der Friedhof war groß. Viel weitläufiger, als er von seinem Fenster aus wirkte.

Wie eine eigene kleine Welt, dachte Leandro.

Eine Welt, die er jetzt erkunden würde. Er horchte bei dem Gedanken in sich hinein und wartete darauf, dass seine Angst ihn augenblicklich aufforderte, sich umzudrehen und zu fliehen. Aber zu seiner eigenen Überraschung schwieg sie dieses Mal. Natürlich war da dieses flaue Gefühl in seinem Magen. So als stände er viel zu nahe an einem gefährlich tiefen Abgrund, aber zugleich fühlte er auch so etwas wie Aufregung und Abenteuerlust. Zum ersten Mal nach langer, langer Zeit.

»Ich finde dich, Cassandra«, sagte Leandro und schauderte sogleich wieder, als er einen Schritt vorwärts tat. Nur weil er sich jetzt ein wenig mutiger vorkam, bedeutete das noch lange nicht, dass er zum furchtlosen Helden geworden war.

Anfangs erschien ihm der Friedhof gespenstisch still. Selbst Leandros eigene Schritte verursachten auf dem schmalen Kiesweg keinen einzigen Laut. Aber je tiefer er zwischen die mit Moos, Flechten und Efeu überwucherten Gräber vordrang, desto mehr unterschiedliche Geräusche glaubte er, aus dem unheimlichen Zwielicht um sich herum herauszuhören. Das schaurige Wispern von Stimmen, das Trippeln kleiner Mäusefüße und ein Wetzen und Kratzen, wie von langen Krallen, die über Stein scharren. Auweia, was tat er nur hier?

Ein Anflug von Panik brach über Leandro herein. »Ich ... ich sollte nicht hier sein.« Er warf einen Blick zurück. Durch eine Lücke zwischen den Bäumen sah er die dunkle Silhouette eines Gebäudes. Sein Zuhause. Er könnte jetzt dort sein. In Sicherheit. Geschützt vor allem Bösen. Er machte einen Schritt in diese Richtung, dann noch einen ... »Nein«, sagte er sich im nächsten Moment und ballte die Hände zu Fäusten. »Ich darf Cassandra nicht im Stich lassen!«

Er richtete den Blick nach vorne und lauschte nach den wispernden Stimmen. Er würde ihnen folgen. Vielleicht führten sie ihn ja geradewegs zu seiner Freundin.

Vorsichtig linste Leandro hinter einem Busch hervor und musste sich auf die Zunge beißen, um vor Schreck nicht aufzuschreien. Auf einer großen Grabplatte hockten vier abscheuliche Kreaturen. Ihre Körper waren grünlich braun wie fauliges Sumpfwasser, und sie hatten überaus spitze Nasen, die schon eher wie Schnäbel aussahen. Das mussten Goblins sein. Keine Frage. Von Cassandra gab es jedoch keine Spur. Schon wollte Leandro sich wieder zurückziehen, als eine der hässlichen Kreaturen mit schnarrender Stimme meinte: »Er kommt noch heute Nacht, habe ich gehört. Der Gruselige – er kehrt zurück!«

Leandro schluckte und schlich davon. Mehr wollte er gar nicht erst hören. Wer wohl dieser Gruselige war? Und ob er etwas damit zu tun hatte, dass Cassandra nicht bei ihm aufgetaucht war? Eilig lief Leandro weiter. Er musste sie schnell finden. Wer weiß, was geschah, wenn der Gruselige auf dem Friedhof eintraf.

Inzwischen rannte Leandro, wobei er unentwegt nach seiner Freundin Ausschau hielt. Er kam dabei an düsteren Mausoleen und auch an einer verfallenen Friedhofskapelle vorbei, aus der ihm – da war er sich ganz sicher – rot glühende Augen nachstarrten. Dabei wunderte Leandro sich am meisten darüber, wie gut er im Dunkeln sah. Nichts entging seiner Aufmerksamkeit. Eigentlich hatte er immer gedacht, es läge an Cassandra, dass ihr Gesicht in der Nacht regelrecht zu leuchten schien. Aber in Wahrheit hatte das gar nichts mit ihr zu tun gehabt, sondern allein mit ihm. Er schüttelte über sich selbst den Kopf und blieb dann plötzlich stehen.

Nicht weit von ihm entfernt brannte ein Licht, in dessen dunstigem Schein ein Mann ein Grab aushob. Er trug einen breitkrempigen Hut und einen langen dunklen Mantel. Ein Totengräber, ganz bestimmt. Plötzlich riss Leandro die Augen auf. Vielleicht war das ja Cassandras Vater. Das würde auch erklären, warum sie ihm erzählt hatte, dass sie auf dem Friedhof lebte.

»Hallo!«, rief Leandro und zuckte erschrocken darüber zusammen, wie laut seine Stimme durch die Nacht hallte.

Der Mann hörte auf zu schippen und schaute sich irritiert um. Seltsamerweise glitt sein Blick über Leandro hinweg, als wäre er nicht vorhanden. Anschließend machte er sich achselzuckend wieder an die Arbeit.

Enttäuscht wollte Leandro ein zweites Mal rufen, aber etwas hielt ihn zurück. Vielleicht war das doch nicht Cassandras Vater, sondern ein Grabräuber und Plünderer. Augenblicklich wich Leandro tiefer in die Schatten zurück. Vermutlich war es ganz gut so, dass der Mann ihn nicht gesehen hatte. Er wandte sich ab und folgte einem Weg, der in die entgegengesetzte Richtung führte.

Mittlerweile war Leandro schon eine ganze Weile auf dem Friedhof unterwegs und genoss es regelrecht, den verschlungenen Pfaden zu folgen. Wie oft sie sich auch verzweigten, es fiel ihm nie schwer, sich für eine Richtung zu entscheiden. Es war fast so, als kannten seine Füße den richtigen Weg. Es besorgte ihn auch nicht länger, dass überall um ihn herum Bewegung war. In den Schatten, zwischen den Büschen oder im Nachthimmel über ihm. Selbst die kleinen und großen Gestalten, die an ihm vorbei durch den Nebel jagten, ängstigten ihn kein bisschen mehr. Etwas sagte ihm, dass alles genau so war, wie es sein sollte.

Plötzlich lachte er befreit auf. Cassandra hatte völlig recht. Die Wesen der Nacht taten einem wirklich nichts, wenn man sie in Ruhe ließ. Und dann sah er sie: ein Mädchen mit rabenschwarzem Haar, schneeweißem Gesicht und azurblauen Augen. Cassandra. Er blieb stehen und blickte sie staunend an. In diesem Moment kam es ihm vor, als hätte er niemals ein schöneres Mädchen gesehen. Dann lief er auch schon los, um sie erleichtert zu umarmen. Aber als seine Hände sich um sie schlossen, glitten sie einfach hindurch.

»Du bist ein Geist«, stellte er verblüfft fest und fand es nicht einmal erschreckend.

Cassandra sagte jedoch nichts, sondern stieg von dem Grabstein hinab, auf dem sie gesessen hatte.

Leandro runzelte die Stirn. Es war sein Name, der darauf stand. »*Ich* bin der Geist?«

»Es ist meine Schuld«, platzte Cassandra im nächsten Moment heraus. Tränen schimmerten in ihren Augen. »Alles ist meine Schuld und es tut mir so furchtbar leid.«

»Wovon redest du?«

Cassandra zog schniefend die Nase hoch. »Im Gegensatz zu anderen Geschöpfen der Nacht können Geister den Friedhof nicht verlassen, sonst …« Sie zögerte. »Sonst vergessen sie, was sie sind.«

Leandro machte große Augen.

»Es war eine dumme Wette«, fuhr Cassandra fort. »Ich habe nie geglaubt, dass du sie annehmen würdest. Kein anderer Geist hätte das gewagt.«

Allmählich glaubte Leandro zu verstehen. Und wenn diese Neuigkeiten auch ziemlich überwältigend waren, ergab vieles mit einem Mal einen Sinn. »Du hast mit mir gewettet, dass ich mich nicht vom Friedhof traue, stimmt's?«

»Genauer gesagt zu dem Haus, in dem du als Mensch gelebt hast.« Schuldbewusst senkte Cassandra den Blick. »Und als du dann dort warst, hast du einfach alles vergessen: dass du einer von uns bist. Dass du auf den Friedhof gehörst. Und das Wichtigste: unsere Freundschaft. Du hast gedacht, du wärst wieder ein Mensch.«

»Aber warum hast du mir dann nicht einfach alles erklärt?«

»Ich habe es doch versucht«, antwortete Cassandra verzweifelt. »Aber sobald ich dir von den Vampiren, Kobolden und Werwölfen erzählte, bekamst du so schreckliche Angst, dass du nie wieder das Haus verlassen wolltest. Vor allem hattest du plötzlich riesige Angst. Da habe ich mich erst gar nicht mehr getraut, dir zu sagen, wer du wirklich bist.«

Seufzend ließ sich Leandro auf den Grabstein sinken und stützte den Kopf auf die Hände. Eine Wette war für den ganzen Schlamassel verantwortlich. Nun ja, wohl eher seine eigene Dummheit. Es gab eben Regeln für Gespenster, genauso wie für alle anderen Wesen der Nacht, und er hatte sie einfach missachtet. O ja, ganz langsam fiel ihm alles wieder ein.

Mit einem Mal blickte Leandro auf. »Du bist jede Nacht gekommen und hast mich besucht.«

»Natürlich.« Cassandra setzte sich zu ihm. »Ich hätte dich nie aufgegeben, schließlich bist du mein bester Freund.«

»Weißt du, dass ich nur hier bin, weil ich dachte, du wärst in Gefahr.«

»Das solltest du ja auch«, sagte sie ernst. »Um dich zu erinnern, musstest du unbedingt auf den Friedhof zurückkehren. Darum habe ich ja auch ständig versucht, dich zum Mitkommen zu überreden. Aber du wolltest ja nicht.«

»Also hast du mich glauben lassen, du seist in Gefahr.« Er grinste. »Ganz schön raffiniert!«

Cassandra zuckte die Schultern. »Du musstest nur deinen Mut wiederfinden, und ich wusste ja, dass du mutig bist.« Plötzlich lachte sie. »Bei all den Streichen, die wir den anderen Friedhofsbewohnern in den letzten hundert Jahren gespielt haben, da konntest du unmöglich ein Angsthase sein.«

Plötzlich dämmerte es Leandro. »Dann bin ja wohl ich der Gruselige, den die Goblins erwartet haben.«

Cassandra nickte heftig. »Wir alle haben dich schrecklich vermisst, deswegen sind manche von uns auch in der Nacht zum Haus herübergeschlichen.«

Leandro dachte an die unheimlichen Geräusche zurück, die er ständig gehört hatte. Jetzt wusste er, von wem sie stammten. Auf eine Frage hatte er aber immer noch keine Antwort. Er wandte Cassandra das Gesicht zu. »Aber wer bist eigentlich du? Jedenfalls nicht die Tochter des Totengräbers, oder?«

Wieder erschien jenes geheimnisvolle Lächeln auf Cassandras Lippen. »Nein, das bin ich ganz sicher nicht.« Ihr Lächeln wurde noch eine Spur breiter und nun kamen zwei spitze Eckzähne zum Vorschein.

»Ein Vampir!«, rief Leandro. »Ich wusste gar nicht, dass ich so eine coole Freundin habe.«

»Keine Sorge, all deine Erinnerungen kommen nach und nach zurück, aber um ihnen ein wenig auf die Sprünge zu helfen, habe ich eine Überraschung für dich.« Cassandra rutschte vom Grabstein. »Komm mit, ich will dir etwas zeigen.«

Leandro folgte ihr zu der verfallenen Kapelle, an der er schon vorhin vorbeigekommen war und deren Dachziegel nun silbrig im Licht des vollen Mondes schimmerten. Kaum hatten die beiden sie betreten, leuchteten mit einem Mal rot glühende Augen in der Dunkelheit auf. Sofort war Leandro einer Ohnmacht nahe. Zum Glück fiel ihm noch rechtzeitig ein, dass Geister eigentlich gar nicht ohnmächtig werden. Im nächsten Moment flammten Dutzende von Kerzen auf, und Leandro sah sich einer ganzen Schar aus Geistern, Skeletten, Goblins, Kobolden, Werwölfen, Schnappern und anderen Wesen gegenüber, die lauthals verkündeten: »Willkommen zu Hause!«

Sissi Flegel

Wie Timmy zum Hund kam

Timmy war zehn Jahre alt und der beste Fußballer seiner Mannschaft. Er konnte den Ball genial abschirmen, sein Heber war obercool, und wenn er einen Volleyschuss absolut sicher mit der Fußinnenseite annahm, jubelten ihm seine Fans zu. Nachdem ihm sein Vater zum Geburtstag Schienbeinschützer geschenkt hatte, auf die Philipp Lahm mit einem dicken schwarzen Filzer seinen Namen geschrieben hatte, hatte sein Ruhm natürlich noch zugenommen.

Ein Junge wie Timmy war kein Weichei und kein Warmduscher. Ein Junge wie Timmy war taff und schlief natürlich seit Jahren, seit unglaublich vielen Jahren sogar, in seinem Zimmer und in seinem eigenen Bett. Und trotzdem ging er in einer Nacht rüber zu seinen Eltern – er konnte echt nicht anders, obwohl er sich selbst deswegen schämte!

Er träumte nämlich, er würde – mutterseelenallein natürlich! – in einem Urwald umherirren. Er sah kaum etwas, weil es so dunkel war, dazu goss es wie aus Kübeln, sodass er meinte, ertrinken zu müssen. Dabei konnte er nicht nur Fußball spielen, er war auch ein superguter Schwimmer. In diesem Sommer hatte er sogar das Jugendschwimmabzeichen gemacht, bei dem er vom Beckenrand springen und in höchstens fünfzehn Minuten zweihundert Meter ohne anzuhalten schwimmen musste – er hatte es in elf Minuten und achtundfünfzig Sekunden geschafft!

Trotzdem fürchtete er im Traum, ertrinken zu müssen. Blöd war auch, dass ihn ein schwarz gekleideter Mann bedrohte. Gut, mit dem hätte er fertig werden können, wenn es dieser Mann nicht auch auf seine Mutter abgesehen gehabt hätte … Es war ein absolut scheußlicher Traum gewesen, und als Timmy aufwachte, schweißgebadet und mit heftigem Herzklopfen, konnte er gar nicht anders, als ins Zimmer seiner Eltern zu tappen und zu schauen, ob die beiden sicher in ihren Betten lagen.

Klar schliefen sie tief und fest. Aber seine Mutter wurde doch kurz wach und wollte am Morgen wissen, was in der Nacht los gewesen sei. Sie bohrte so lange, bis er ihr schließlich seinen Traum erzählte. Er musste ihn erzählen, sie ließ einfach nicht locker!

Wenige Tage später fuhr Timmy mit seiner Mutter aufs Land, um die Großeltern zu besuchen. Weil es so heiß war, saßen sie den ganzen Nachmittag unterm Sonnenschirm im Garten, löffelten Eis mit Sahne und passten auf, dass ihnen nicht aus Versehen eine der vielen Wespen in den Mund flog, die wie wild um sie herumschwirrten.

Er besuchte die Großeltern wirklich gern, aber an diesem Tag waren alle träge und wischten sich dauernd den Schweiß von der Stirn, obwohl sie unterm Sonnenschirm saßen. Der Nachmittag zog sich wie Kaugummi; zum Fernsehen im warmen Zimmer hatte Timmy keine Lust, im Weiher durfte er, obwohl er schon längst zehn Jahre alt war und das Jugendschwimmabzeichen gemacht hatte, nicht alleine baden, und mit dem Jungen aus dem Haus gegenüber konnte er nicht kicken, weil der mit seinen Eltern Ferien auf Mallorca machte. Timmy langweilte sich, und weil er sich so langweilte, schaute er den Wolken zu, die am Himmel aufzogen. Zuerst waren es nur so weiße Schleier, dann legten sich kleine weiße Wolken drüber, nach den weißen kamen graue, und zuletzt türmten sich wild zerklüftete dunkle Berge hinterm Wäldchen auf.

»Guckt mal!« Tommy zeigte auf ein Ungetüm. »Dic Wolke sieht aus wie eine Lokomotive.«

»Du liebe Güte!«, rief die Großmutter. »Ihr müsst sofort losfahren, damit ihr noch vor dem Gewitter zu Hause seid!«

»Solange ihr im Auto sitzt, passiert euch

nichts«, meinte der Großvater und lachte dabei. »Ein Auto ist nämlich wie ein Haus mit vielen Blitzableitern.«

»Ach Opa! Ein Auto ist doch ein Faraday'scher Käfig«, sagte Timmy cool.

Als er und seine Mutter im Wagen saßen, war es ziemlich dunkel, obwohl die Zeiger an seiner Uhr auf halb fünf standen und es eigentlich noch taghell hätte sein müssen.

Mit dem einen Ohr hörte sich Timmy zum dritten Mal an diesem schwülen, langweiligen Sonntag die Geschichte der fünf Freunde und dem Spuk um Mitternacht an, mit dem anderen lauschte er dem Nachrichtensprecher. »An der alten Eiche ... baut sich gerade ein Stau auf ... der schaurige Ruf des Käuzchens ... überflutet die Autobahn ... Zähneklappern und eine schreckliche Gänsehaut ... bringen den Verkehr zum Erliegen, und ... der Vollmond am nachtschwarzen Himmel ... bittet um vorsichtige Fahrweise ...«

Timmy riss die große Tüte mit den Gummibärchen auf, die ihm die Oma noch rasch in die Hosentasche gesteckt hatte.

»Möchtest du auch eines?«, fragte er seine Mutter.

»Klar. Immer!«

Gemeinsam futterten sie die Tüte leer,

und als seine Mutter von der Landstraße herunter und auf die Autobahn fuhr, prallten die ersten dicken Regentropfen auf die Scheibe. Dann zuckte ein Blitz über den Himmel, und gerade als Timmy die Tüte aufgeblasen hatte und sie platzen ließ, mischte sich der Knall mit dem Donner.

»Jetzt geht es los!« Timmy kuschelte sich in den Sitz. Seine Mutter gab Gas und überholte einen langsamen Fahrer nach dem anderen. Zwar hatte der Regen so zugenommen, dass die Scheibenwischer mit dem Wischen kaum nachkamen, aber seine Mutter brauste so flott voran, dass sich Timmy schon ausmalte, wie er zu Hause noch kurz zu seinem Freund Jupp rennen würde. Dessen Hündin Minka hatte nämlich Junge geworfen, und neulich hatte sein Freund angedeutet, er könne Timmy durchaus einen Welpen schenken, wenn er beim nächsten Freundschaftsspiel nicht auf der Reservebank sitzen müsse. Na ja, Jupp war zwar ein richtig guter Freund, aber leider kein Fußballer, denn ihm fehlte das echte Ballgefühl. Trotzdem nahm sich Timmy vor, Jupp beim nächsten Freundschaftsspiel mitkicken zu lassen; sein langer Einwurf zum Beispiel war ganz O.K. Wenn sich Jupp also nicht zum Deppen machte, schenkte er ihm nach dem Spiel vielleicht einen Welpen. Nur – ob er ihn auch behalten durfte, war natürlich völlig unsicher.

Seine Eltern und er waren nämlich in der Frage Hund oder Nichthund geteilter Meinung. Für seine Eltern bedeutete ein Hund Arbeit und Kosten. Timmy sah das ganz anders. Mit einem Hund konnte man Abenteuer bestehen, mit einem Hund war man nie allein und hatte demzufolge auch keine Langeweile. An einem heißen Nachmittag wie dem heutigen wäre er mit dem Hund durch den Wald hinterm Haus der Großeltern gestreift, der Hund hätte etwas Aufregendes erschnüffelt, gemeinsam wären sie der Fährte gefolgt, und vielleicht – nein, bestimmt sogar! – hätten sie eine Entdeckung gemacht, die ihr Leben total verändert hätte. Sie hätten einen Schatz ausgebuddelt oder vielleicht einen vergammelten Schuh gefunden, der sich als wichtiger Hinweis zur Aufklärung eines uralten Verbrechens erwiesen hätte, oder, was überhaupt das Allerbeste gewesen wäre: Zusammen mit seinem Hund hätte er bestimmt im Waldweiher baden dürfen, denn ein Hund war besser als der beste Aufpasser.

Timmy seufzte. Es war so unglaublich blöd von seinen Eltern, dass sie ihn nicht allein schwimmen und baden ließen! Und warum sie gegen einen Hund waren, verstand er erst recht nicht.

Er sah den braunen Welpen mit den weißen Pfötchen vor sich. Der Kleine hatte sich gestern in seine Hand gekuschelt und leise gefiept, was ganz klar bedeutete, dass das Hundebaby ihm gehören wollte.

Weil der Regen nachließ, fuhr seine Mutter noch schneller, und Timmy sagte: »Also wenn wir zu Hause sind, gehe ich noch zu Jupp und seinen Hunden. Der eine, der braune Welpe ...«

»Du kannst deinen Freund besuchen«, unterbrach ihn seine Mutter. »Aber Timmy, das schlag dir endlich aus dem Kopf: Einen Hund können wir unmöglich ...«

In diesem Augenblick wurde es taghell, gleichzeitig krachte ein solcher Donnerschlag, dass beide zusammenzuckten. Und dann regnete, schüttete, goss es wie aus Kübeln, nichts konnte man mehr sehen, überhaupt nichts außer dem Wasser, das über die Scheibe lief. Wie alle anderen Fahrer auch fuhr seine Mutter jetzt langsam und immer langsamer. Schließlich steuerte sie den Wagen auf den nächsten Parkplatz. Dort war es stockfinster, weil er an ein Waldstück grenzte.

»Puh«, sagte sie, »so einen Wolkenbruch habe ich noch nie erlebt. Wir warten, bis der Guss nachlässt. Aber wir sollten Papa anrufen; er weiß ja, dass wir bei diesem Unwetter unterwegs sind, und macht sich bestimmt Sorgen um uns.«

Seine Mutter drehte sich um und nahm

die Handtasche vom Rücksitz, denn darin lag immer ihr Handy – immer. Nur heute nicht.

Sie kramte alles heraus, die Geldbörse, den Hausschlüssel, eine Ersatztüte mit Gummibärchen, die Papiertaschentücher, den Kamm, den Lippenstift, aber schließlich war es sicher: Sie hatte das Handy bei den Großeltern auf dem Tisch liegen lassen. »Was für ein Mist! Ausgerechnet heute, wo wir es wirklich brauchen, Timmy!«

Sie hatten kein Handy und daran war nichts zu ändern. Also warteten sie. Sie sahen den Blitzen zu, sie lauschten dem Donner und hörten, wie das Wasser aufs Autodach prasselte.

»Ich muss mal«, sagte Timmy. »Aber bei dem Regen geh ich nicht raus.«

Seine Mutter horchte. »Ich glaube, das Gewitter zieht jetzt weiter.«

Tatsächlich ließ der Regen etwas nach. Timmy wartete noch ein paar Minuten, dann sprang er raus, und als er patschnass zurückkam, sagte seine Mutter: »Fertig? Na, dann mal los, in einer halben Stunde sind wir daheim.«

Sie drehte den Zündschlüssel um, aber nichts tat sich. Der Motor blieb stumm.

Sie versuchte es ein zweites, drittes… neuntes und zehntes Mal, dann war ihnen klar, dass mit dem Auto etwas nicht stimmte.

»Verdammt«, sagte Timmy. »Was machen wir jetzt?«

Alle Leute, die auf dem Parkplatz Schutz gesucht hatten, waren inzwischen weitergefahren, deshalb konnten sie niemanden ums Handy oder um Hilfe bitten. Das war vielleicht blöd!

»Timmy, ich geh zur nächsten Notrufsäule. Du bleibst im Auto; es reicht, wenn ich nass werde.«

»Ich bin schon nass, außerdem können wir doch zu zweit unter den Schirm«, protestierte Timmy.

»Wir könnten zu zweit unter den Schirm«, bestätigte seine Mutter, »wenn wir ihn dabeihätten. Haben wir aber nicht. Als wir losfuhren, war der Himmel so blau wie ein Veilchen.«

Inzwischen schüttete es nicht mehr wie aus Kübeln, aber der Regen war immer noch sehr stark.

»Soll ich abschließen? Oder willst du lieber selbst auf den Knopf an der Scheibe drücken und das Auto verriegeln?«, fragte seine Mutter. »Ich bin bald wieder zurück. Hängt nur davon ab, wann ich die Notrufsäule finde.«

»Klar«, sagte Timmy. »Ganz klar. Aber beeil dich trotzdem.«

Als seine Mutter die Tür öffnete, riss ein Windstoß sie ihr aus der Hand.

»Jetzt hätte ich gerne einen Hund«,

brüllte Timmy, um den Wind zu übertönen. »Der würde mit mir aufs Auto aufpassen!«

»Stimmt! Aber du schaffst das auch allein!« Seine Mutter zog den Kopf ein und rannte durch den Regen davon.

Timmy glättete die leere Gummibärentüte, schlug die Beine übereinander, strich die nassen Haare glatt, schaute aus dem linken Fenster und dann aus dem rechten Fenster, kniete auf den Sitz und lugte aus dem rückwärtigen Fenster, drückte den Knopf nach unten und zog ihn wieder heraus, suchte in der Ablage nach einem Bonbon oder einem steinharten, weil vor langer Zeit vergessenen Gummibärchen – er tat alles, damit die Zeit schneller verging.

Sie verging nicht schnell. Sie schlich langsamer als eine hundemüde Schnecke und eigentlich verging sie überhaupt nicht. Immer wenn er auf die Uhr schaute, war der Zeiger höchstens ein paar Sekunden weitergewandert. Das war saublöd.

Aber der Regen ließ nach, und das war gut so, denn Timmy dachte an seine Mutter. Ob sie einen Schnupfen bekommen würde? Ob die Autofahrer sie auf dem Standstreifen sehen würden? Hoffentlich! Es wäre ganz furchtbar, wenn jemand sie überfahren würde – ihm wurde ganz kalt, als er sich das Unglück vorstellte.

Er sah seine Mutter am Boden liegen, blutüberströmt und reglos. Er zwinkerte sofort das Bild weg: Das durfte nicht sein!

Was wäre, dachte er dann, wenn sie kilometerweit in die falsche Richtung gehen würde? Dann würde sie eine endlos lange Zeit nicht zurückkommen! Aber, beruhigte er sich, seine Mutter war klug; sie tat immer das Richtige, wirklich!

Jetzt tröpfelte es nur noch. Das bedeutete, dass die Autofahrer gute Sicht hatten und eine Person auf dem Standstreifen nicht übersahen und daher auch nicht überfuhren. Erleichtert blickte er wieder mal aus dem Rückfenster.

Gerade fuhr ein rotes Auto auf den Parkplatz. Die Türen öffneten sich und ein Mann, eine Frau, zwei Kinder und ein Hund erschienen. Die Personen verschwanden im Klohäuschen. Der Hund pinkelte an die Mülltonne, dann sprang er zuerst auf eine Bank und von da auf den Picknicktisch. Er ließ das Klohäuschen nicht aus den Augen, und als seine Leute zurückkamen, bellte er und wedelte wie verrückt mit dem Schwanz und sprang ihnen mit einem großen Satz entgegen.

Die Frau holte eine Tüte aus dem Kofferraum. Sie verteilte belegte Brote; auch der Hund bekam eines. Timmy lief das Wasser im Mund zusammen. Ein belegtes Brot wäre nicht schlecht, dachte er, und überhaupt – die Kinder hatten es gut, die waren mit ihren Eltern unterwegs und hatten sogar einen Hund!

Aber der gefiel Timmy nicht. Der Hund war sehr groß und hatte ein struppiges graues Fell, das man bestimmt nicht gerne streichelte, und garantiert stank es. Sein kleiner Welpe dagegen hatte ein seidenweiches Fell. Das roch supergut – zart und auch ein bisschen süß.

In diesem Augenblick passierte etwas Fürchterliches: Der Regen kam zurück! Und wie er zurückkehrte! Wie wenn oben am Himmel eine riesige Badewanne umgekippt wäre, so viel Wasser platschte plötzlich aufs Auto. Durch den dichten grauen Vorhang sah Timmy nur undeutlich, wie sich die Leute und der Hund in ihr Auto retteten. Bleibt hier, flehte er im Stillen, fahrt nicht weg! Aber sie fuhren weg und Timmy war wieder allein.

Das Wasser strömte nur so aufs Auto, und plötzlich erinnerte er sich an seinen Traum: Das Wasser würde den Wagen fortspülen, und er würde ertrinken, obwohl er doch das Jugendschwimmabzeichen gemacht hatte ... Timmy zitterte. Wenn seine Mutter zurückkam, wäre kein Auto mehr da. Und kein Timmy.

Ob er im Klohäuschen Zuflucht suchen sollte? Schon wollte er die Tür öffnen, als – Timmy zuckte zusammen – jemand an die Scheibe klopfte. Ein schwarzer Mann! Der schwarze Mann aus seinem Traum! Da war er! Du lieber Himmel! Plötzlich war Timmys Mund staubtrocken, sein Herz hämmerte wie wild. Wieder klopfte die Hand an die Scheibe. Und jetzt rüttelte die Hand auch noch an der Tür! Aber Timmy hatte den Knopf runtergedrückt… Was für ein Glück, dass er daran gedacht hatte!

Der schwarze Mann ging mit dem Gesicht ganz nah an die Scheibe ran. Er klopfte ein drittes Mal. In Timmys Ohren rauschte es, er schluckte, er presste die Hände zusammen, er kniff die Augen zu, um den schwarzen Mann nicht sehen zu müssen. Mensch Timmy, sagte eine Stimme in seinem Kopf, du bist doch kein Weichei! Du schießt den Volleyschuss kurz und rattenscharf – warum hast du Angst, wo du im sicheren Auto sitzt? Ja, sagte sich Timmy, wenn ich meine Tausendfüßler anhätte, würde ich raus und dem schwarzen Mann ans Schienbein treten, dass er die Flucht ergreifen würde! Ich bin kein Weichei, und ein Warmduscher bin ich erst recht nicht. Ich beherrsche den Flugkopfball wie kein Zweiter in meiner Mannschaft, und dazu gehört Mut! Echter Mut! Keine Ahnung, warum ich auf einmal so feige bin und Angst habe.

Als er die Augen wieder öffnete, nicht sofort, erst nach einer sehr, sehr langen Zeit,

war der Mann verschwunden. Und der Regen hatte nachgelassen. Aber ein schwarzes Auto parkte da, wo vorher keines war. Ob der schwarze Mann darin saß? Natürlich saß der schwarze Mann darin, ganz klar! Der saß darin und wartete, bis Timmy aus dem Auto steigen würde. Und dann … dann würde er ihn packen, würde ihn in seinen Kofferraum schmeißen und mit ihm wegfahren. Einfach wegfahren. Wenn seine Mutter kommen würde, wäre Timmy verschwunden. Warum hatte er keinen Hund? Der würde dem Auto hinterherjagen, sodass er gefunden und gerettet würde, bevor der schwarze Mann ihm was antun konnte!

Doch jetzt – Timmy traute seinen Augen nicht – kam seine Mutter! Sie war es! Sie rannte aufs Auto zu, sie rannte zu ihm, zu Timmy, aber sie würde ihn nicht erreichen, denn der schwarze Mann stellte sich ihr in den Weg … Er musste seine Mutter warnen! Er musste sie retten!

Mit zitternden Fingern wollte Timmy den Knopf an der Tür hochziehen, aber das ging nicht sofort, denn seine Finger waren feucht und flutschten immer wieder weg, aber dann hatte er es geschafft. Er stieß die Tür auf, sprang raus, brüllte: »Mama! Pass auf!«, und da – da stand der schwarze Mann direkt neben seiner Mutter! Timmy rannte um seines und um ihr Leben. »Mama! PASS AUF!!!«

Seine Mutter breitete die Arme aus, fing ihn auf, hielt ihn ganz fest. »Timmy! Was ist denn?«

Timmy, der supergute, mutige Fußballer und Besitzer des Jugendschwimmabzeichens bohrte wie ein kleines Kind den Kopf in ihren Bauch, und als er endlich ein bisschen aufschaute, stand der schwarze Mann neben seiner Mutter und sagte etwas zu ihr.

Aber Timmy hörte nichts. Er drückte sich an seine Mutter. Ihre Kleider waren so nass, dass die Kälte und Nässe bis zu seinem eigenen Bauch vordrangen. »Ist dir was passiert?«, fragte seine Mutter. »Timmy, sag mir, was los ist.«

Timmy schwieg.

»Sag's mir, Timmy! Was ist passiert?«

Timmy dachte nach: War etwas passiert? Er sah die Uhr mit dem Sekundenzeiger, der still zu stehen schien, er sah den leeren Parkplatz, sah den Hund, wie er an den Mülleimer pinkelte, die Frau, die ihrer Familie und dem Hund die belegten Brote reichte, sah, wie die Familie Hals über Kopf ins Auto sprang und wegfuhr. Ganz genau spürte er, wie einsam er sich da gefühlt hatte und wie die Angst um seine Mutter in ihm hochgekrochen war und sich ausgebreitet hatte wie die Pfützen auf dem Platz, die auch immer größer geworden waren.

Er erinnerte sich daran, wie alles genau so abgelaufen war wie in seinem schlimmen Traum: Zuerst waren da der dunkle Wald und das viele Wasser, in dem er zu ertrinken schien, dann kam der schwarze Mann, der ihn bedrohte und sich zwischen ihn und seine Mutter stellte, und dann … dann war der Traum zu Ende, und er wollte nur noch seine Mutter retten. Timmy hob den Kopf. »Der schwarze Mann da …«

»Ja, Timmy?«

»Zuerst hat er mich bedroht, dann bist du gekommen, und er hat … er ist … ich meine … ich dachte, er würde dich … Mama, das ist der Mann aus meinem Traum!!!«

Jetzt endlich verstand ihn seine Mutter. »Timmy …«

»Ich dachte, er würde dich …«, stieß Timmy hervor und bohrte wieder seinen Kopf in ihren Bauch. »Mama, er hat dich bedroht!«

»Deshalb bist du aus dem Auto gestürzt? Um mich zu beschützen?«

Timmy nickte.

»Das war mutig«, sagte der schwarze Mann, der neben seiner Mutter stand. »Das hätte nicht jeder getan. Wirklich nicht.«

»Mein Timmy«, sagte seine Mutter, »ist ein mutiger Junge.«

»Absolut«, bestätigte der schwarze Mann. »Sie können stolz auf ihn sein.«

Seine Mutter strich die klatschnassen Haare aus ihrem Gesicht. »Das bin ich auch«, sagte sie.

Timmy ließ die Arme sinken. Er stellte sich vor seine Mutter, schaute den schwarzen Mann böse an und fragte drohend: »Warum haben Sie an die Scheibe geklopft? Und warum wollten Sie die Autotür aufmachen?«

»Hab ich dich erschreckt?«, entgegnete der Mann. »Das wollte ich nicht. Aber ich habe eine Reifenpanne und brauche Hilfe.«

»Sie brauchen Hilfe?«, wiederholte Timmy ungläubig. »Ich dachte, Sie …« Plötzlich kam er sich richtig blöd vor. Saublöd sogar.

»Was hast du denn gedacht? Etwa dass ich dir etwas antun könnte?« Der Mann lachte.

Timmy regte sich über das Lachen so auf, dass sich die Angst in seinem Bauch in helle Wut verwandelte. »Man rüttelt doch nicht an der Tür eines fremden Autos!«, brüllte er. »Schon gar nicht, wenn jemand allein drinsitzt und keinen Hund hat, der ihn beschützt! Und überhaupt – was wollten Sie von meiner Mutter?«

»Ihr Handy«, antwortete der schwarze Mann verdutzt. »Nur ihr Handy, damit ich Hilfe anfordern kann.«

In diesem Augenblick fuhr das Pannenfahrzeug auf den Parkplatz und hielt neben ihnen. »Das nächste Mal vergessen Sie Ihr Handy besser nicht«, fauchte Timmy. »Weil – dann habe ich nämlich einen Hund.«

Der Mann schaute ungläubig auf das Pannenfahrzeug und schüttelte verblüfft den Kopf. »Na so was aber auch ...«, murmelte er. »Das ist wohl vom Himmel gefallen, was?« Dann wandte er sich Timmy zu. »Du willst einen Hund, was? Klar, ein mutiger Junge, der sogar ein Pannenfahrzeug herbeizaubern kann, verdient auf jeden Fall einen Hund.«

»Meine Mutter hat das Pannenfahrzeug gerufen«, erklärte Timmy. »Aber mutig war ich. Keine Frage«, fügte er stolz hinzu. »Meine Mutter hätten Sie nie gekriegt und wenn Sie sie noch so bedroht hätten. Nur – zusammen mit meinem Hund hätte ich Ihnen Beine gemacht, das sag ich Ihnen!«

»Sicher«, sagte der Mann. »Ganz sicher. Wie soll dein Hund denn heißen?«

Timmy dachte an den braunen Welpen mit den weißen Pfötchen. Er sah zuerst auf das schwarze Auto, dann schaute er dem schwarz gekleideten Mann fest in die Augen. »Blacky werde ich ihn nennen.«

»Blacky?«, wiederholte seine Mutter verwundert. »Wieso Blacky, wenn der Welpe doch braun ist?« Plötzlich zog sie Timmy an sich. »Verstehe. Du musst den braunen Hund Blacky nennen. Unbedingt.«

Annette Langen

»Geh nicht mit, Jasper«

Richtig wichtig in dieser Geschichte sind:

- **Jasper Jansen,** zehn Jahre, geht in die Klasse 4a, hat meistens grasgrüne bis schlammbraune Knie, denn er ist Torwart und spielt mit seinem besten Kumpel Tim in der Fußball-AG der Grundschule Waldhausen. Jasper hat eine »kleine« Schwester, Jasmin.

- **Jasmin Jansen** hasst es, als »kleine« Schwester bezeichnet zu werden, und behauptet: »Ich bin noch nicht ganz neun!« Dabei ist sie erst achteinviertel Jahre alt und geht ins zweite Schuljahr. Außerdem geht sie mit Lea – und die ist schon fast zehn – zum Sicherheitstraining. Das ist so ein Kurs, in dem die beiden mit anderen Kindern zusammen üben, wie man sich in brenzligen Situationen verhält. Jasmin und Lea lieben Hunde – und ganz besonders Rufus, den Hund von Tims Oma. Mit dem dürfen sie alleine spazieren gehen! Jasmin findet, dass das alles doch sehr wohl zeigt, wie groß sie schon ist!

- **Rufus,** fünf Jahre, Wuschelhund, hat immer frei.

- **Tim Mitt,** zehn Jahre, ist auch in der Klasse 4a und wohnt in derselben Straße wie Jasper und Jasmin. Nach der Schule geht er immer zu seiner Oma, die wohnt gleich nebenan. Nachmittags verabredet er sich oft mit Jasper und ein paar anderen Freunden auf der Schulwiese. Da spielen sie so lange Fußball, bis es zu dunkel ist, um den Ball zu sehen, oder alle nach Hause müssen.

- **Lea Anders** wird bald zehn Jahre alt, ist mit Jasper, Tim – und vielen anderen – in der Klasse 4a. Zusammen mit Jasmin geht sie zum Sicherheitstraining, viel lieber aber würde sie reiten und am allerliebsten hätte Lea ein Pflegepony!

Jasmins Bericht

Auf einmal war da das silberne Auto, mitten auf dem Waldweg, wo sonst nie Autos fahren. Da hatte ich gleich so ein komisches Gefühl. Ich glaube, Lea auch. Denn sie blieb plötzlich stehen. Ach so, Lea und ich kamen mit Rufus vom Spaziergang aus dem Wald zurück. Und normalerweise wären wir über den Waldweg zurückgegangen. Doch genau da stand jetzt das Auto – und irgendwie war da viel zu wenig Platz, um daran vorbeizugehen. Die Sonne schien so hell auf die Windschutzscheibe, dass ich nicht genau sehen konnte, ob jemand in dem Auto saß. Plötzlich ging die Fahrertür auf. Nein, da kamen wir gar nicht mehr durch. Ein Mann stieg aus.

Da schrie Lea: »Lauf, lauf!«

Ich hatte solche Angst und weiß nur noch, dass wir auf allen vieren die Böschung hochgeklettert sind. Dann sind wir unter dem Weidezaun durchgekrochen und quer über die Kuhwiese gerannt, so schnell, wie ich im ganzen Leben noch nie zuvor gerannt bin.

Neben mir rannte Lea und nach Rufus habe ich gar nicht mehr geschaut vor lauter Angst. Der Wind rauschte in meinen Ohren, und wir haben erst aufgehört zu rennen, als wir in unserer Straße waren. Ich war so außer Puste, dass ich erst kaum sprechen konnte. Dann japste ich: »Ist – er – noch – da?« Ich bin wirklich kein Baby, aber ich traute mich echt nicht, mich umzusehen. Ich hatte so furchtbare Angst, dass der fremde Mann uns gefolgt sein könnte.

Lea hielt sich mit einer Hand die Seite, mit der anderen hielt sie Rufus an der Leine. Sie schnappte nach Luft, die Haare hingen ihr wild ins Gesicht. Bestimmt hatte Lea beim Rennen ihr Haarband verloren.

Und viel schlimmer noch – erst jetzt sah ich, dass Lea nur noch einen ihrer Ballerinas anhatte. Den anderen musste sie auf der Kuhwiese verloren haben. Ob sie deswegen Ärger kriegen würde?

Da richtete sich die Oma von Tim im Blumenbeet vor dem Haus auf: »Kinder, wie seht ihr denn aus? Was ist passiert?«, fragte sie und sah uns so komisch an.

Und ich kann auch nicht sagen, warum, aber da heulte ich los wie ein echtes Baby. Auch Lea fing an zu schluchzen. Die Oma von Tim kam auf die Straße, strich uns über den Rücken und sagte ruhig: »So, jetzt holt ihr beide erst mal tief Luft, und dann erzählt ihr mir genau, was passiert ist.«

Wir nickten und schnieften, mussten uns erst die Tränen wegwischen und tief Luft holen. Nur Rufus drehte sich im Kreis und bellte ganz aufgeregt, so als ob er alles erzählen wollte. Da mussten wir lachen.

Und nachdem ich gelacht hatte, habe ich der Oma von Tim alles erzählt.

Und als ich fertig war, sagte Tims Oma ganz ruhig: »Wir sprechen jetzt sofort mit euren Eltern. Ich denke, sie sollten die Polizei anrufen.«

Da kriegte ich einen Schreck, der war so groß, dass ich gar nichts sagen konnte. Noch nie hatte ich etwas Gefährliches erlebt. Und so ganz plötzlich war eine Gefahr ganz nah bei mir gewesen. Fast zum Greifen nah! Ganz ohne Übertreibung. Ja, so war es wirklich gewesen.

Was Lea gesehen hat

Ganz ruhig sagte die Oma von Tim: »Ich denke, wir sollten die Polizei anrufen.« Da breitete sich in mir etwas aus, so eine seltsame Mischung aus Aufregung, Angst und Entsetzen. Auf einmal hatte ich eine Ahnung, die war echt schlimm, aber trotzdem wollte ich es wissen. Also fragte ich die Oma von Tim: »War, war das ein – ein – Verbrecher, da am Waldrand?« Meine Stimme war ganz komisch. »Meinen Sie, der – der wollte uns … schnappen?«

Tims Oma fasste Jasmin und mich an der Hand: »Es ist gut, dass ihr weggelaufen seid. Mehr wissen wir noch nicht. Umso wichtiger ist, dass ihr alles ganz genau euren Eltern erzählt!«

Und das machten wir. Meine Mutter kam sofort herüber und nahm mich lange in den Arm. Frau Jansen, Jasmins und Jaspers Mutter, rief die Polizei an. Herr Jansen ging auf und ab. Ganz komisch sah das aus, fast wie ein Tiger im Käfig.

Dann kam ich mir vor wie mitten in einem Krimi, den ich sonst nie im Fernsehen gucken darf. Denn nun hielt ein Polizeiauto vor dem Haus von Familie Jansen. Ohne Sirene und Blaulicht, aber trotzdem! Eine Polizistin mit langem Zopf und ein älterer Polizist stiegen aus und setzten ihre Dienstmützen auf.

Sie waren kaum im Haus, da flitzte Jasmins Bruder Jasper auf seinem Fahrrad heran, schmiss es vor die Haustür, stürmte ins Haus und schrie: »Was ist denn hier los?«

Frau Jansen sagte leise: »Es ist zum Glück nichts passiert, Jasper. Setz dich hin und hör zu.« Aber so ruhig sie das sagte, auch ihre Stimme klang jetzt gaaaaaanz anders als sonst.

Jasper war kreidebleich, nur die vielen Sommersprossen in seinem Gesicht leuchteten auf einmal feuerrot. Du musst wissen, sonst ist Jasper immer ziemlich cool. Aber jetzt war alles anders. Jetzt rutschte er so nah an seine Familie, wie es nur ging.

Dann nahmen die Polizisten unsere Namen und Adressen auf, notierten die Uhrzeit, wann wir mit Rufus spazieren gegangen waren, und schrieben auf, wann wir zurückgekommen waren. Tims Oma wusste ganz genau, dass sie uns um kurz nach halb vier an ihrem Gartenzaun entdeckt hatte.

»Vermutliche Begegnung auf dem Waldweg um 15:30 Uhr«, folgerte die Polizistin, und ihr Kollege schrieb das auf.

Dann erzählten Jasmin und ich wieder, wo und wie plötzlich das silberne Auto auf dem Waldweg gestanden hatte. Doch die Polizisten wollten alles noch viel, viel genauer wissen als die Oma von Tim.

»Erinnert ihr euch an das Nummernschild des Autos?«, fragten sie. Ich wusste nur, dass es mit S angefangen hatte. Weil es bei uns so selten Nummernschilder mit S gibt. Mehr wusste ich nicht. Jasmin erinnerte sich noch, dass das Auto irgendeinen Aufkleber auf der Windschutzscheibe hatte.

Der Polizist notierte sich das und fragte: »Könnt ihr den Mann beschreiben? Ist er so groß wie ich? Welche Haarfarbe hat er? Hat er viele oder wenig Haare?«

Sosehr ich auch überlegte, mir fiel nichts mehr ein. Wirklich! Ich sehe immer nur die

Fahrertür, die plötzlich aufgeht. Und sosehr ich in meiner Erinnerung suche, irgendwie sind das silberne Auto und der Mann eins.

Da sprang Jasmin mit einem Satz auf: »Ich glaube, der Mann war riesig groß«, rief sie, »er wollte uns packen und hatte schon seine Hände ausgestreckt ...«

Dann wurde sie rot, hielt sich die Hand vor den Mund und murmelte: »Nein, stimmt nicht. Das – das habe ich mir nur so vorgestellt.«

Die Polizistin nickte: »Nach so einem Schrecken ist jeder durcheinander, auch Erwachsene, das verstehen wir. Aber nur wenn ihr beide uns ganz genau erzählt, was wirklich passiert ist, können wir unsere Arbeit machen.«

Ich habe sofort genickt. Nie wieder, niiiiiiiiiiiiiie wieder, soll der Mann mit dem silbernen Auto auf unserem Waldweg stehen. Und ich will auch nicht, dass andere Kinder so eine Angst haben wie wir.

Nur Jasper sah so aus, als ob er denken würde: »Wer weiß, vielleicht haben die Mädels die ganze Geschichte erfunden.« Aber das sagte er nicht.

Noch nicht.

Endlich kommt Jasper mal zu Wort

Also, ich weiß nicht, was ich von der ganzen »Sache«, die die Mädels erzählen, halten soll. Silbernes Auto auf dem Waldweg, versperrter Weg, fremder Mann – und die beiden flüchten über die Kuhwiese …

Ich war ja mit meinen besten Kumpels, Tim und David, schon ziemlich oft am und im Wald. Da kann man wirklich richtig toll mit den Mountainbikes fahren. Wir haben uns letztens sogar eine Sprungschanze aufgeschüttet. Und als wir kleiner waren, haben wir uns oft Hütten im Wald gebaut.

Egal wann wir im Wald waren, wir haben nie etwas Seltsames erlebt. Nichts hat uns je so einen großen Schrecken eingejagt, dass wir quer über die Kuhwiese hätten flüchten müssen.

Und nun soll ein Fremder aus heiterem Himmel kommen und ausgerechnet meiner kleinen Schwester und der Lea aus unserer Klasse auflauern? Das kann doch gar nicht sein, oder?

Erstens: Wir wohnen in einem voll kleinen Ort. Oder hast du schon mal von Waldhausen gehört?

Nee, siehste, das kennt wirklich niemand, weil es so klein ist.

Zweitens: Darum fällt hier sofort auf, wenn mal ein fremdes Auto durch den Ort fährt – aber muss man deshalb gleich misstrauisch werden?

Drittens: Wenn jemand einem Promikind in Hollywood auflauert, wo es von superreichen und weltberühmten Filmstars nur so wimmelt, dann könnte ich es ja noch verstehen. Aber bei uns? Garantiert keine Millionen, Luxusvillen und so was.

Mein Vater ist Lehrer und meine Mutter arbeitet für eine Zeitung. Große Schätze sind bei uns garantiert nicht zu holen. Bei Lea zu Hause übrigens auch nicht.

Also: Was soll dann die ganze Geschichte von einem silbernen Auto mit Kennzeichen aus S? Keine Ahnung, sag ich da nur!!!

Vielleicht wollten die Mädels auch mal so richtig Aufmerksamkeit kriegen … Gleich zwei Mamas und Papas in großer Sorge. Polizeiauto so plötzlich vor der Haustür, dass selbst der große Bruder denkt: »Jetzt hat's die halbe Familie erwischt.« Mann, hab ich Panik gekriegt!

Obwohl, irgendwie passt das mit einer erfundenen Geschichte gar nicht zu Jasmin. Die ist zwar erst acht, weiß aber schon, dass man mit so etwas keinen Spaß machen darf. Und Lea erst recht.

Aber was war es dann?, frage ich mich immer wieder.

Meinst du, es liegt daran, dass die beiden seit den Sommerferien diesen Kurs »Sicherheitstraining« machen? Sehen sie deswegen jetzt überall Verbrecher?

Meine Eltern wollten zuerst, dass ich auch hingehe. »Brauch ich doch nicht, bin doch kein Mädchen«, habe ich gesagt und so entnervt geguckt, wie es nur geht.

Doch selbst Papa meinte: »Es ist gut, wenn du weißt, wie du aus brenzligen Situationen wieder herauskommst, Sohn!«

Und er hat mich so – wie soll ich sagen –, so bedeutungsvoll angesehen. Ächz, war das peinlich. Warum müssen Eltern nur so was bringen?

Jedenfalls blieb mir das Sicherheitstraining erspart, da der Kurs immer dann stattfindet, wenn ich Fußballtraining habe. Ohne Torwart geht's halt nicht, mein Glück!

Trotzdem kriege ich Woche für Woche mit, was da im Sicherheitstraining abgeht. Wie, willst du wissen?

Nun, nach jedem Sicherheitstraining macht mir Jasmin abends genau vor, was sie im Kurs neu gelernt hat. Falls du jetzt an coole Karatetricks und knallharte Kung-Fu-Tritte denkst, liegst du voll daneben.

Was die da lernen, ist echt zum Piepen. Pass auf, es geht ungefähr so:

Kleine Schwester steht am Ende vom Flur und ruft mir zu: »Jasper, du würdest mich so komisch ansehen und ich hätte so ein ungutes Gefühl. Los, jetzt kämst du mir entgegen.«

Also gehe ich auf sie zu. Und was macht Jasmin?

Sie kommt mir entgegen, sieht mir fest in die Augen, streckt den rechten Arm vor sich und marschiert so auf mich zu. »Stopp, ich will vorbei!«, ruft sie dazu noch.

Mehr nicht! Damit soll ein Kind gefährliche Leute fernhalten?!? Dass ich nicht lache. Wenn du mich fragst, klingt dieses »Stopp, ich will vorbei!« mehr wie ein Ausflug vom Altenheim. Allesamt gestrandet auf einer Verkehrsinsel. Da stehen sie dann im Verkehr, schwenken die Arme und rufen: »Stopp, ich will vorbei«, damit sie auf die andere Straßenseite kommen …

Immer wenn Jasmin mir ihr »Sicherheitstraining« vorgeführt hat, musste ich grinsen. Mann, es sieht aber auch zu witzig aus. »Das ist nicht komisch«, kreischte Jasmin dann jedes Mal und stampfte wütend mit dem Fuß auf. »So zeige ich, dass ich keine Angst habe.«

Und nun hat etwas Jasmin doch so furchtbare Angst gemacht. Irgendwie hat das alles verändert.

Was jetzt kommt oder passieren wird,

das weiß ich nicht. Auch nicht, warum dieser Sch...-Kerl ausgerechnet hierhergekommen ist. Was will er eigentlich?

Wo ist er jetzt? Und meine allerwichtigste Frage: Kommt er noch einmal her? Niemand weiß, was jetzt passieren wird. Auch meine Eltern wissen das nicht...

Und das macht selbst mir wirklich **ANGST!**

Alles anders, findet Tim

Seit »der Sache am Waldrand« ist alles anders, sage ich dir. Erst fand ich es ja noch aufregend, als eine Polizistin und ein Polizist aus dem Haus von Jasper kamen und danach noch zum Waldweg gegangen sind. Viel gefunden haben sie da nicht. Denn es gab nichts zu sehen. Keine verräterischen Spuren wie Schuhabdrücke des Fremden oder Reifenspuren von seinem Auto. Nichts davon! Nicht mal eine einzige weggeworfene Zigarettenkippe. Gar nichts, was die Polizei hätte auswerten können.

Verräterische Zigarettenkippen, Stofffetzen oder sogar Blutspuren gibt es ständig in Krimis, aber in echt so gut wie nie.

Die beiden Polizisten sahen sich den schmalen Waldweg an, die dichten Büsche links, die steile Böschung rechts und darüber die Kuhwiese. Wirklich, alles sah so ruhig aus wie immer. Aber trotzdem ist seitdem alles anders.

Die Nachricht von dem Fremden und von Jasmins und Leas Flucht ging ruck, zuck durch den Ort. Abends sagte meine Mutter: »Tim, komm, setz dich mal zu mir!«, und sah so ernst aus wie selten.

Da wusste ich, dass sie »es« wusste. Und ich wusste auch, dass ich ihr die Sache mit Jasmin und Lea längst hätte erzählen sollen. Aber irgendwie hatte ich keinen Bock, davon zu sprechen. Vielleicht auch, weil ich dachte, dann kommt wieder die Nummer »Nie mit Fremden mitgehen!«. So hieß ein Bilderbuch, das wir im Kindergarten hatten.

»Geh nie mit Fremden mit«, so fing jede Seite an. Egal ob Fremde dir sagen, sie hätten kleine Kätzchen, ein Pony oder sonst was für dich. Voll der Babykram. Darauf fällt doch niemand mehr rein! Selbst wenn mir jemand Karten für den UEFA-Cup ankündigen würde, würde ich doch nicht mitgehen. Dafür bin ich einfach zu groß und immerhin schon in der Vierten!

Aber meine Mutter fing gar nicht damit an! Sie sah mich an und sagte nur: »Tim, leider gibt es kranke Menschen, denen es Freude macht, anderen furchtbar wehzutun.«

Uh, das hörte sich aber wirklich schlimm

an, dachte ich. Ich wusste gar nicht, was ich dazu sagen sollte.

Musste ich auch nicht, denn meine Mutter fügte hinzu: »Aber es passiert selten, sehr, sehr selten, dass solche Menschen ein Kind oder einen Erwachsenen schnappen und in ihre Gewalt bringen …«

»Wie oft denn so im Jahr?«, wollte ich wissen.

»Wie viele genau, weiß ich nicht«, sagte meine Mutter und holte Luft. »Und jeder Fall ist einer zu viel.« Sie musste schlucken, bevor sie weitersprach.

»Ich glaube nicht, dass dir etwas passiert, Tim. Denn du bist sicher, wenn du deine eigene Grenze kennst.«

Da platzte es aus mir heraus: »Mama, was soll das denn sein, ›meine eigene Grenze‹? Wie und wo kriege ich die denn her?«

Da zog meine Mutter mich an sich, wuschelte durch meine Haare, lachte und wurde dann wieder ernst.

»Deine Grenze ist keine Burgmauer oder ein Schutzwall. Du siehst sie, wenn du deinen Arm von dir streckst. Los, mach mal, Tim!«

Ich kam mir etwas blöd vor, aber streckte meinen Arm aus.

»Genau so eine Armlänge sollte jeder,

den du nicht kennst, von dir Abstand halten«, sagte meine Mutter.

Stimmt, das klingt doch gut, fand ich. Ist mir auch lieber, wenn mir niemand so auf die Pelle rückt.

Aber kaum hatte ich das gedacht, fiel mir gleich noch eine wichtige Frage ein:

»Aber Mama, was ist denn, wenn trotzdem einer näher kommt oder mich schnappen will?«

Meine Mutter sah mich an und sagte ganz ruhig:

»Wie gesagt, so etwas geschieht nur ganz, ganz selten. Aber wenn jemand Fremdes plötzlich versucht, dich zu schnappen, dann schreist du, so laut du kannst, trittst ihn ganz fest, beißt ihn und machst all das, was sonst verboten ist …«

Ich wurde richtig aufgeregt, als ich das hörte. Aber meine Mutter fasste meinen Arm und sagte nur eines:

»… denn dann geht es um dein Leben.«

So etwas hatte meine Mutter noch nie gesagt. Und das werde ich nie vergessen.

Was ist los im Dorf?
Hättest du gedacht, dass an einem ganz normalen Samstag plötzlich alles anders ist? Einfach so und aus heiterem Himmel?

Auch in Waldhausen hätte das vor der »Sache am Waldrand« niemand gedacht! Die Nachricht von dem Fremden mit dem silbernen Auto, von Jasmins und Leas Flucht macht schnell die Runde unter Nachbarn, hinweg über Gartenzäune, durch Vorgärten und über die Straße. Überall stehen an diesem Samstagnachmittag Erwachsene zusammen und tuscheln:

»Meine Güte, ich hätte nie gedacht, dass so etwas bei uns passieren kann«, sagen sie leise.

Der alte Herr Meyer meint: »Es ist ja nichts passiert. Vielleicht wollte der Mann ja nur spazieren gehen und etwas frische Luft schnappen!«

Aber seine Frau schüttelt den Kopf: »Es ist gut, dass die Mädchen weggerannt sind.«

Die Oma von Tim nickt und fügt hinzu: »Die beiden haben auf ihr Gefühl gehört, und ich sage euch – das war gut so.«

Auch die alte Frau Meyer nickt: »Besser ein Mal zu vorsichtig als andersherum. Man liest ja so viel. Wer weiß, was der Kerl wollte«, sagt sie leise, und ihr Blick geht zum Waldrand.

Da ruft der alte Herr Meyer entschieden: »Dieser Kerl soll sich hier bloß nicht wieder blicken lassen, sonst...« Er ballt eine Faust und bekommt vor Aufregung rote Wangen.

Seitdem steht der alte Herr Meyer viel öfter als sonst in seinem Garten. Auf seinen Gehstock gestützt, blickt er über die Gartenhecke, dorthin wo der Wald beginnt. Aber sooft er auch schaut, dort steht kein silbernes Auto.

»Na warte, ich habe Zeit und behalte die Sache im Blick«, murmelt er entschlossen. Aber nichts tut sich am Waldrand.

Wochen später:
Jasmin meldet sich noch mal zu Wort

Ich bin's Jasmin. Jetzt willst du bestimmt wissen, ob bei uns am Waldrand noch etwas Unheimliches passiert ist, oder? Nein, ist es nicht. Aber auf dem großen Parkplatz vor dem Sportplatz!

Es war nach einem Fußballturnier. Jaspers Mannschaft, die Fußball-AG der Grundschule Waldhausen, hatte den Pokal geholt. Ich war vor lauter Anfeuern ganz heiser und krächzte fast wie ein Papagei.

Nun warteten wir – zusammen mit Tim, Frau Mitt und Wuschelhund Rufus – auf unsere Mutter. Spätestens um fünf Uhr wollte sie uns am Parkplatz abholen. Doch Mama kam nicht.

»Sie sitzt bestimmt in einer Konferenz fest«, meinte Frau Mitt.

Jasper konnte es kaum abwarten, Mama von dem Sieg und dem Pokal zu erzählen. Er stand auf der Böschung zum Parkplatz und hielt nach Mamas rotem Auto Ausschau. Der große Parkplatz, der eben noch voller Autos stand, war nun fast leer.

Ich habe für Rufus Stöckchen geworfen, er hat sie geholt und mir zurückgebracht. Doch auf einmal fiel mir etwas auf:

Auf den Parkplatz fuhr ein rotes Auto. Es sah fast aus wie Mamas Auto. Aber etwas war ganz anders: Es hatte dunkle Scheiben und sauste mitten über den leeren Parkplatz. So schnell würde Mama nie und nimmer fahren.

Schon lief Jasper die Böschung hinab. Genau vor ihm hielt das Auto an. Es bremste so doll, dass es eine tiefe Bremsspur hinterließ.

Aber der Motor lief weiter. Der Fahrer ließ die Scheibe herunter. Durchs offene Fahrerfenster rief er Jasper hastig etwas zu. »Komm schnell mit, deiner Mama ist etwas passiert«, schallte es herüber.

Der Schreck zuckte durch mich wie ein Blitz.

Aber dann fingen meine Füße an zu laufen.

Schnell hin zu Jasper!

Denn der stand wie versteinert vor dem roten Auto.

Schon sprang der Mann aus seinem Auto,

hielt Jasper die Beifahrertür auf und rief laut: »Los, steig ein, ich bring dich sofort zu deiner Mama.«

Jasper machte einen Schritt auf das Auto zu, und noch einen … doch dann stand ich vor ihm.

Auf einmal ging alles wie von selbst. Wie ich es im Sicherheitstraining gelernt habe, schnellte mein Arm hoch.

Gleichzeitig setzte ich einen Fuß zurück. So wurde der Abstand zu dem Fremden etwas größer. »STOPP, keinen Schritt weiter!«, schrie ich so laut das mit heiserer Stimme nur ging.

Nur mein Arm trennte uns wie eine viel zu kleine Schranke von dem Fremden. Dann habe ich Luft geholt und laut gebrüllt: »Hilfe, dieser Mann bedroht uns!«

Schon stürmten der Hausmeister, Tims Mutter und Rufus heran. Da ist der Mann in sein Auto gesprungen. Der Motor heulte auf, er sauste in einer Staubwolke davon.

Wir waren dann noch auf der Polizeiwache, Frau Mitt hatte sich das Nummernschild des Autos gemerkt, und wir haben alles berichtet, was passiert ist.

Der Hausmeister hat mich gelobt und gesagt: »Kleine, du warst ganz groß. Wie du den Mann auf Abstand gehalten und die Nerven bewahrt hast, das macht dir so schnell niemand nach. Respekt!«

Aber ich bin froh, dass meinem Bruder nichts passiert ist. Und weißt du was? Seit diesem Tag hat Jasper nie wieder gesagt, dass ich seine »kleine« Schwester bin. Und das ist mit das Beste!

Für diese Anthologie bearbeiteter Auszug aus: Annette Langen, »Geh nicht mit, Jasper!«, in der Reihe »Was hättest du getan?«

Sabine Ludwig

Blauer Montag

Sie muss anrufen. Sie hat sich geschworen, es niemals zu tun, aber sie muss anrufen.

Sie weiß, wo die Nummer in Mamas Telefonbuch steht. Unter M, aber ohne Namen daneben. Einfach nur sechs Zahlen. Mit Bleistift geschrieben, nicht mit Kugelschreiber wie die anderen, so als könne man sie jederzeit ausradieren.

Wie oft hat sie diese Nummer einfach wegradieren wollen, als ob sie dadurch alles auslöschen könnte.

Sie muss diese Zahlen wählen. Jetzt. Es sind harmlose Zahlen. Zwei Achten, eine Sechs, eine Sieben, eine Neun und eine Drei. Runde Zahlen, noch runder in Mamas weicher Schrift, nur die Sieben sticht spitz hervor. Sie muss an Noras kleine Schwester Lucy denken, die sieht bei jeder Zahl eine Farbe. Das ist irgendeine Störung im Gehirn, es gibt auch einen Fachausdruck dafür. Sie wüsste gern, welche Farben Lucy bei dieser Telefonnummer sieht.

Für sie ist diese Nummer schwarz.

Was Nora wohl gedacht haben mag, als sie heute Morgen so schnell aus der Klasse gestürzt ist?

Alle hatten es als willkommene Unterbrechung der Mathestunde empfunden, als die Tür aufging und Herr Markwart hereinkam. Einfach so, ohne anzuklopfen. Als Direktor darf man das.

Wie ein Film läuft es vor ihrem Auge ab. Ein Film, den sie sich immer wieder vorspielt, um nicht zum Telefon greifen zu müssen.

Sie steht an der Tafel, den Geruch von Kreide und nassem Tafellappen in der Nase, und hat wie immer in Mathe keine Ahnung, was sie hinschreiben soll.

Herr Markwart hat einen Zettel in der Hand und dreht ihr den Rücken zu. »Caroline Werner? Ist sie da?«

Das erste Gefühl ist Erleichterung. Sie muss nicht weiterrechnen. Vielleicht hat jemand ihren Schülerausweis gefunden, den vermisst sie schon lange.

Aber als sie sagt: »Das bin ich«, und der Direktor sich zu ihr umdreht, weiß sie sofort, dass es nicht um ihren Schülerausweis geht.

»Kommst du mal bitte mit raus«, sagt er.

Sie legt die Kreide auf den Rand der Tafel und wischt sich die Hände an der Hose ab, denn der Direktor sieht aus, als wolle er ihr die Hand geben. Aber er tut es nicht, sondern berührt sie nur ganz leicht am Ellbogen und führt sie aus der Klasse. Bevor sich die Tür schließt, hört sie das aufgeregte Gemurmel hinter ihr wie eine Woge anschwellen.

»Das Marienkrankenhaus hat angerufen. Deine Mutter ist gerade eingeliefert worden. Sie hatte einen Autounfall.«

Herr Markwart hat Mundgeruch und ist schlecht rasiert.

»Die Sekretärin ruft dir ein Taxi, das bringt dich ins Krankenhaus.« Er zieht einen Geldschein aus der Tasche. »Möchtest du eine Freundin mitnehmen? Das geht schon in Ordnung.«

Sie schüttelt den Kopf.

»Dann hol bitte deine Sachen. Ich warte hier.«

Sie geht zurück in die Klasse. »Hey, fliegste jetzt von der Schule?«, grölt Julian. Anne zupft sie im Vorbeigehen am Ärmel. »Was is'n passiert?«

Sie sieht in Noras fragendes Gesicht und kann nur hilflos den Kopf schütteln. Als sie wieder auf dem Flur steht, merkt sie, dass sie auch den Turnbeutel in der Hand hält. Aber sie kann da nicht noch mal rein.

Die Schulsekretärin schaut sie mitleidig an und sagt zum Direktor: »Das Taxi steht unten.«

Er bringt sie bis hinunter vor das Schultor.

»Melde dich bitte morgen und gib uns Bescheid, wie lange du fehlen wirst.«

In diesem Moment begreift sie, was passiert ist. Krankenhaus. Autounfall. Mama!

»Aber was hat sie… ich meine, wie schlimm ist es?«

Herr Markwart hält ihr die Taxitür auf. »Das hat man mir leider nicht gesagt. Ich bin kein Angehöriger. Aber es wird bestimmt alles gut.«

Es wird bestimmt alles gut.

Es wird bestimmt alles gut?

Der Taxifahrer weiß anscheinend, wo sie hinsoll, die ganze Fahrt über sagt er kein Wort. Er dreht sogar das Autoradio ab. Im Wagen riecht es nach kaltem Rauch.

In ihrem Kopf dröhnt es.

Wo kann der Unfall passiert sein? Auf der Schnellstraße? Die benutzt Mama nicht gern, lieber fährt sie durch die Stadt, aber heute Morgen waren sie spät dran gewesen. Wie jeden Montag. Der Montagmorgen ist immer stressig. Gerade hat man sich noch auf das Wochenende gefreut, auf das lange Aufbleiben und Ausschlafen, da ist es schon wieder vorbei.

Gestern Abend haben sie zusammen auf dem Sofa gesessen und den Krimi im Fernsehen geguckt. Der war langweilig, aber die Hauptdarstellerin hatte eine tolle Frisur. Ob die ihr wohl stehen würde? So ein ganz kurzer Pony und die Haare an der Seite etwas lockig. An Haare denkt sie, um nicht an Mama denken zu müssen.

Als das Taxi vor dem Krankenhaus hält, drückt sie dem Fahrer den Geldschein in die Hand und steigt aus. Wahrscheinlich hätte sie eine Quittung verlangen müssen. Ob Herr Markwart das Geld zurückhaben will? Vielleicht gibt es ja eine Extrakasse in der Schule, für Notfälle.

»Wie ist der Name?«, fragt die Dame am Empfang.

»Caroline Werner.«

»Eine Patientin mit diesem Namen haben wir nicht.«

Es dauert eine Weile, ehe sie begreift, dass nach dem Namen ihrer Mutter gefragt wird.

Sie steigt in einen Fahrstuhl, fährt in den dritten Stock, geht einen langen Gang entlang und durch eine Glastür.

»Ziehen Sie das bitte an und waschen Sie sich gründlich die Hände.«

Sie weiß nicht, wohin mit ihren Sachen. Der blöde Turnbeutel.

»Ihre Mutter liegt noch auf der Intensivstation«, sagt die Schwester und gibt ihr eine Art grüne Duschhaube.

Die stülpt sie sich über die Haare. Das Siezen macht ihr Angst. Es macht sie älter. Alt genug, um eine schreckliche Wahrheit verkraften zu können.

Zuerst traut sie sich nicht, zu dem Bett

zu schauen. Bilder aus den Arztserien, die Mama so gern sieht, steigen in ihr auf. Schläuche, tickende Apparate, eine Zickzackkurve, die zum geraden Strich wird. Rhythmisches Piepsen, das plötzlich abbricht.

Hier tickt und piepst nichts. Mama hat nur einen Schlauch im Arm. Das Erschreckendste ist der Verband um den Kopf, die Stirn darunter ist rot verschmiert.

»Desinfektionsmittel«, sagt die Schwester und hängt eine durchsichtige Plastikflasche an einen Ständer. »Sie hat eine Platzwunde an der Stirn. Sieht schlimmer aus, als es ist.«

Sieht schlimmer aus, als es ist. Aber Mama bewegt sich nicht, nur ab und zu flattern die Lider.

»Wir haben ihr ein Beruhigungsmittel gegeben. Sie schläft jetzt. Komm, ich bringe dich zum Stationsarzt.«

Plötzlich duzt die Schwester sie und da kann sie endlich weinen.

»Warte bitte hier, Dr. Niemann kommt gleich.«

In den Arztserien ist immer alles laut und hektisch, Ärzte in wehenden weißen Kitteln rennen herum, irgendjemand schreit: Ein Notfall! Schnell!

Aber hier ist alles ruhig. Ein alter Mann im gestreiften Bademantel schlurft den Gang entlang. Eine Schwester schiebt einen Wagen mit Medikamenten an ihr vorbei. Dann ist der Arzt da, gibt ihr die Hand, stellt sich vor und führt sie in ein Zimmer. Auf dem Schreibtisch steht ein Teller mit einem Stück Streuselkuchen. Daneben ein Becher mit einer Diddlmaus darauf, die ein Schwesternhäubchen trägt. Sie findet Diddlmäuse blöd, aber irgendwie hat der Anblick was Tröstliches. Diddlmäuse sind so normal.

Der Arzt bietet ihr keinen Stuhl an.

»Es sieht schlimmer aus, als es ist. Zwei gequetschte Rippen, ein Schlüsselbeinbruch, eine Platzwunde an der Stirn und höchstwahrscheinlich eine Gehirnerschütterung. Bisher gibt es keinen Hinweis dafür, dass innere Organe betroffen sind.«

Der Arzt sieht müde aus.

»Was ist denn überhaupt passiert?«

Der Arzt nimmt einen Aktendeckel zur Hand.

»So genau wissen wir das auch nicht, das wird die Polizei ermitteln. Deine Mutter hat anscheinend versucht, einen LKW zu überholen, der dann vor ihr ausgeschert ist. Das hätte bös ausgehen können, sie hat wirklich Glück gehabt.«

Glück gehabt. Glück gehabt. Glück.

»Weiß dein Vater schon Bescheid?«

Kein Glück gehabt.

»Meine Eltern leben getrennt.«

Der Arzt sieht noch müder aus. »Bitte verständige deinen Vater oder sonst einen Angehörigen, der sich in der nächsten Zeit um dich kümmert. Drei Wochen wird deine Mutter schon hierbleiben müssen.«

In seiner Kitteltasche piepst es, er nickt kurz und hält ihr die Tür auf.

Alle halten ihr heute irgendwelche Türen auf. Türen, durch die sie hindurchgehen muss, ob sie will oder nicht.

Sie hat immer noch Mamas Telefonverzeichnis in der Hand. Sie legt es hin. Ich kann nicht, ich kann da nicht anrufen. Sie blickt aus dem Fenster. Montags ist Markt. Frau Laube aus dem ersten Stock kommt gerade vom Einkaufen. Ob sie die ansprechen soll? »Können Sie mir helfen? Meine Mutter liegt im Krankenhaus und ich bin ganz allein.«

Nein, das geht nicht. So gut kennen sie sich nicht. Sie kennen eigentlich niemanden im Haus besonders gut. Sie wohnen erst seit einem halben Jahr hier. Und Mamas Freundin Renate? Die kann sie jetzt am allerwenigsten ertragen. Egal was man gerade macht, Bratkartoffeln braten, ein Buch lesen, eine Serie im Fernsehen schauen, Renate muss sich in alles einmischen, weiß immer alles besser.

»Die Kartoffeln müsst ihr am Vortag kochen und das Fett ganz heiß werden lassen, nur so werden sie knusprig. Am besten ihr nehmt eine Gusseisenpfanne. Habt ihr nicht? Die gehört nun wirklich in jeden Haushalt. Übrigens, ich hab da von einem Buch gehört, das muss Caroline einfach lesen. Über Archäologie, aber superspannend, das wäre doch was für sie. Was, ihr habt am Sonntag die Lindenstraße verpasst? Ich kann euch sagen, wann es die Wiederholungen gibt, schreibt es euch am besten gleich auf.«

Stundenlang kann Mama mit Renate telefonieren. Dabei ärgert sie sich meistens über sie. Dann nennt sie Renate eine alte Jungfer. Dabei sind die beiden gleich alt, aber Mama hat eben ein Kind und Renate keins. Renate ist die einzige Freundin aus der Zeit mit Papa, die sich nach der Trennung auf Mamas Seite geschlagen hat. Die anderen Freunde waren gemeinsame Freunde, und Mama hat zu allen den Kontakt abgebrochen, aus Angst davor, irgendetwas über Papa hören oder ihn womöglich sogar sehen zu müssen.

Soll sie Renate bitten, bei Papa anzurufen? Aber dann weiß die gleich Bescheid, sucht im Internet sofort alles über Gehirnerschütterung und gebrochene Schlüsselbeine raus, kauft massenhaft Lebensmittel und zieht wahrscheinlich sofort mit Sack und Pack bei ihnen ein.

Und Nora? Sie könnte für die Zeit bei Nora wohnen. Aber Noras Mutter ist so komisch. In ihrer Gegenwart fühlt sie sich nicht wohl. Noras Mutter sieht sie immer an, als ob sie irgendeine Prüfung nicht bestanden hätte. Ob das daran liegt, dass sie Lehrerin ist?

Sie greift nach dem Hörer.

In diesem Moment klingelt es. Ihre Hand zuckt zurück. Das Krankenhaus? Geht es Mama schlechter?

Sie nimmt den Hörer so vorsichtig ab, als befände sich ein giftiges Insekt darunter.

»Hallo?«

»Frau Stiefe-Werner?« Die Stimme kommt ihr bekannt vor, aber sie kann sie nicht gleich einordnen.

»Nein, hier ist ihre Tochter.«

»Peters hier. Ich wollte fragen, warum deine Mutter noch nicht im Büro ist.«

»Sie ist … sie hatte einen Autounfall und liegt im Krankenhaus.« Jetzt wo sie es zum ersten Mal ausgesprochen hat, weiß sie erst, dass es wirklich ist, kein Albtraum, aus dem sie gleich erwacht.

»Oh, das tut mir leid. Ist es schlimm?«

Sie erzählt, was der Arzt gesagt hat. Sie wird das noch oft erzählen müssen.

»Dann wünsche ich ihr gute Besserung, die Kollegen natürlich auch. Ach ja, wir bräuchten dann noch eine Krankschreibung, kümmerst du dich darum?«

Sie verspricht, sich darum zu kümmern, und weiß überhaupt nicht, wie.

Wenn sie jünger wäre, nur zwei, drei Jahre jünger, würde kein Mensch irgendetwas von ihr verlangen. Ein Kind muss nicht allein in ein Krankenhaus gehen, halb tot vor Angst, und sich seine verletzte Mutter anschauen, die ihm am Morgen noch das Schulbrot geschmiert hat. Ein Kind muss sich nicht um Krankschreibungen kümmern oder darum, wo das Geld für die nächsten Wochen herkommt.

Neben dem Telefon steht das Kästchen mit dem Haushaltsgeld. Ungefähr zwanzig Euro liegen darin. Wenn sie sehr sparsam ist und sich nur Nudeln kocht, reicht das vielleicht ein paar Tage, aber nicht drei Wochen. Außerdem möchte sie Mama etwas ins Krankenhaus mitbringen. Blumen. Das macht man doch so.

Direkt unter dem Fenster ist ein Blumenstand. Primeln leuchten in Rot, Orange, Gelb, Weiß und Blau. Mama mag blaue Blumen. Blau ist ihre Lieblingsfarbe.

Einmal hat Papa zum Muttertag für Mama blaue Rosen gekauft, aber die waren nicht echt. Der Blumenhändler hatte sie bloß in blaue Farbe gestellt. Den Rosen war das nicht gut bekommen, sie hatten gleich den Kopf hängen lassen, und Mama war sauer gewesen, weil

Papa für so einen Betrug so viel Geld ausgegeben hatte.

Es ist doch gut, dass sie kein Kind mehr ist. Kinder werden nach der Trennung der Eltern nicht gefragt, zu wem sie wollen. Die werden einfach aufgeteilt. Müssen jedes zweite Wochenende und die erste Ferienhälfte zum Vater. Aber sie nicht. Sie hat einfach gesagt: »Ich will dich nie wieder sehen. Nie wieder.« Das musste sie doch. Wo er sie betrogen hatte. Mama und sie. Als er angekommen war mit diesem: »Nun lass mich dir doch alles erklären« und »Das ändert doch überhaupt nichts an meinen Gefühlen für dich«, da hatte sie sich die Ohren zugehalten und geschrien: »Lügner! Lügner! Lügner!«

Und wenn er am Telefon war, hat sie einfach aufgelegt.

Sie kann nicht anrufen. Sie kann es nicht.

Sie geht in die Küche und räumt den Frühstückstisch ab. Stellt die Butter in den Kühlschrank, die Teller in die Spülmaschine. Mama mag es, wenn alles sauber ist, wenn sie von der Arbeit kommt. Aber heute kommt sie nicht von der Arbeit.

Papa hat alles zerstört. Nichts ist mehr so, wie es war. Sie haben die schöne große Wohnung nicht mehr. Mama arbeitet jetzt ganztags und musste trotzdem einen Kredit aufnehmen, um das Auto zu kaufen.

Das Auto! Was ist mit ihrem Auto? Liegt das irgendwo rum, so wie diese eingebeulten Wracks, die man manchmal an der Straße sieht? Hat die Polizei es abgeschleppt? Bestimmt muss der Unfall der Versicherung gemeldet werden. Gibt es da nicht Fristen, die eingehalten werden müssen?

Eine Tasse fällt runter. Die mit den Blümchen. Aus der hat sie früher immer heiße Milch getrunken. Heiße Milch mit Honig, wenn sie nicht einschlafen konnte. Die Milch hat Papa ihr gebracht und dann noch etwas vorgelesen. Das war, bevor diese Frau aufgetaucht ist.

Sie hebt die Scherben auf und legt sie auf den Küchentisch.

Alles ist kaputt, diese Tasse, das Auto, unser Leben, einfach alles.

Aber sie weiß jetzt, dass sie anrufen muss. Sie schafft das nicht allein. Das mit der Krankschreibung und der Versicherung und allem.

Sie tippt die erste Zahl ein. Und wenn nun diese Frau dran ist? Dieses Gespenst, von dem sie nichts weiß. Ihr Vater hat sie bei einem Seminar kennengelernt. Und sich auf der Stelle verliebt. Und überhaupt nicht mehr an seine Familie gedacht. Nur noch an diese Frau. Wenn das Liebe sein soll, will sie sich nie verlieben. Nie richtig verlieben, nie so, dass man anderen damit wehtut. Sie hätte Mama bestimmt wehgetan, wenn sie sich weiter mit Papa getroffen hätte. Sie ist nicht so wie Lena aus ihrer Klasse, deren Vater ihr ständig neue Klamotten kauft, nur weil sie nett zu seiner blonden Freundin ist.

Jetzt fehlt nur noch die letzte Zahl. Die Drei.

»Hallo, hier ist der Anschluss von Marianne Groß und Michael Werner, bitte hinterlassen ...«

Sie legt schnell auf. Marianne Groß. Ein ganz normaler Name, eine ganz normale Stimme. Was hat sie erwartet? So eine Stimme, wie sie die großbusigen Frauen spätabends im Werbefernsehen haben, wenn sie sich auf einem Sofa rekeln und »Wähle 0190 blablala« hauchen? Hätte es das etwa leichter gemacht? Wäre Papa dadurch weniger schuldig?

»Ich will mich doch nicht von *dir* trennen«, hatte er gesagt. Aber er hat diese Trennung in Kauf genommen. Er muss gewusst haben, dass sie ihm nie verzeihen wird. Verzeiht sie ihm denn, wenn sie ihn jetzt anruft? Nachher denkt er, alles ist wieder gut. Er kann sie beide haben. Freundin und Tochter und zu Mama womöglich noch ein gutes Verhältnis, so wie sie das immer in den Elternratgebern schreiben. »Sagen Sie nie ein schlechtes Wort über Ihren ehemaligen Partner, egal wie sehr er Sie gekränkt hat.«

Mama hat nie ein schlechtes Wort über Papa gesagt, sie hat überhaupt nichts gesagt, das war fast noch schlimmer. Sie hat mit ihrer Mutter nie darüber geredet, was eigentlich passiert ist. Vielleicht hätten sie reden sollen. Sie hätte so gern gesagt: »Ich hasse Papa für das, was er getan hat, aber ich vermisse ihn so.« Doch sie hat sich nicht getraut. Es ist nicht recht, jemanden zu vermissen, der einem so wehgetan hat.

Aber es ist so. Sie vermisst Papa. Morgens fängt es schon an mit dem Vermissen. Da ist er immer zu ihr ins Zimmer gekommen, ganz verstrubbelt, und hat gesagt: »Stehst du freiwillig auf oder muss ich Gewalt anwenden?«

»Gewalt anwenden«, hat sie gesagt. Und er hat sie entweder gekitzelt oder einen nassen Lappen geholt, im Winter sogar Schnee vom Fensterbrett. Und sie vermisst ihn beim Schularbeitenmachen. Immer wollte er ihr in Mathematik helfen, kritzelte Zahlen aufs Papier, kaute auf dem Bleistift rum, nahm schließlich den Taschenrechner und bekam trotzdem jedes Mal was Falsches raus. Einmal hat sie eine Zwei in Mathe geschrieben, das war ihr gemeinsamer Erfolg gewesen.

Am meisten vermisst sie ihn am Wochenende. Die langen Radtouren. Papa hatte jedes Mal Karten dabei und trotzdem haben sie sich verfahren. Und Entdeckungen gemacht. Wie diesen kleinen Brunnen mitten im Wald.

»Wunschbrunnen« stand auf einem

Schild. An einer rostigen Kette hing ein kleiner Becher. Sie hat daraus getrunken und sich gewünscht, alles würde wieder gut. Da hatte es schon gekriselt zwischen Papa und Mama. Wenn sie miteinander stritten, hatten sie immer ganz leise gesprochen, und das war viel schlimmer gewesen, als wenn sie sich angeschrien hätten. Das Wünschen hat nichts geholfen, aber der Nachmittag im Wald war wunderschön gewesen. Ob es nicht vielleicht möglich ist, noch einmal mit Papa dorthin zu fahren? Ohne diese Frau natürlich. Nur sie beide. Jetzt wo es Frühling wird. Und dann wird sie sich wünschen, dass Mama ganz schnell gesund wird.

Der Blumenhändler unten auf der Straße bindet gerade einen großen Strauß Tulpen und drückt ihn einer dicken Frau in die Hand.

Sie schaut auf die Uhr. Erst halb elf. Es ist komisch, an einem Montagvormittag zu Hause zu sein. Als ob man schwänzt. Oder blaumacht. Blauer Montag. So blau wie der Himmel heute. Ob Mama den jetzt auch sieht? Ob sie aufgewacht ist? Zum Abschied hat sie Mama die Hand gestreichelt. Der Daumennagel war eingerissen. Sie darf nicht vergessen, eine Nagelschere mitzunehmen und die Zahnbürste und Mamas Gesichtscreme, Hausschuhe und Nachthemden. Hoffentlich ist der

Bademantel noch sauber. Sie hat viel Zeit, das alles einzupacken, Besuchszeit im Krankenhaus ist erst ab vier.

Sie wird für Mama eine blaue Primel kaufen. Wenn sie nicht mehr auf der Intensivstation ist, darf sie Blumen im Zimmer haben, hat die Schwester gesagt.

Drei Wochen. In drei Wochen ist schon fast Ostern. Drei Wochen allein. Allein einschlafen und – schlimmer noch – allein aufwachen. Die in ihrer Klasse werden sie beneiden. Sie hört schon Julian: »Hey, sturmfreie Bude, ist doch geil!«

Sie findet das überhaupt nicht geil. Sie findet das furchtbar. Jetzt muss sie schon wieder weinen. Papa!

Sie greift zum Hörer. Tippt die runden Zahlen ein und die spitze Sieben, denkt nicht nach.

»... hinterlassen Sie bitte eine Nachricht ...«

»Hier spricht Caroline. Bitte, Papa, ruf mich an. Mama ist im Krankenhaus. Bitte!«

Ihre Hand zittert und ihr Herz rast wie im Sport nach dem 100-Meter-Lauf. Sie weiß noch nicht, ob sie gut ins Ziel gekommen ist. Sie weiß nicht, was jetzt passiert. Aber es wird etwas passieren.

Sie muss an das Märchen vom Froschkönig denken. An den Schluss, wo dem treuen Diener des Prinzen die Eisenringe, die um sein Herz lagen, vor lauter Erleichterung zerspringen.

Es wird Frühling. Gleich geht sie hinunter auf den Markt und kauft Primeln, eine blaue für Mama und eine rote für sich selbst.

Regina Rusch

Ein Brief aus Indonesien

Vor längerer Zeit bekam ich einen Brief von einer Freundin, die Ärztin ist. Es war ein langer Brief und er enthielt Schilderungen von vielen Schicksalen. Seit meine Freundin ihre Kinderarztpraxis aufgegeben hat, reist sie in der Welt herum. Aber nicht, um Urlaub zu machen, sondern um zu helfen. Rieke arbeitet für eine internationale Hilfsorganisation, die Ärzte in Katastrophengebiete entsendet. Dort behandeln sie die Ärmsten der Armen.
Riekes vorläufig letzte Station war Indonesien, dort wo ein verheerender Tsunami Tausende von Menschen in den Tod gerissen hatte. Ein Tsunami ist eine riesige Flutwelle, die aus dem Meer aufs Land rollt und alles verschluckt und zerstört.
»Ich habe hier viele Kinder getroffen, die mit unglaublichem Mut die schwierigsten Aufgaben übernommen haben«, schrieb Rieke in ihrem Brief.
Ein Junge hatte sie besonders beeindruckt – das war Salman. Rieke schrieb, wie sie ihn kennen gelernt hatte. Salman war eines Tages in die Ärztestation gekommen, weil er in eine Latte

mit einem rostigen Nagel getreten war. Die Wunde hatte sich entzündet und der Fuß sah schlimm aus. Rieke wollte Salman in der Klinik behalten, aber er humpelte sofort wieder zu seiner Familie. Zusammen mit seinem großen Bruder sammelte er alles, was sich als Baumaterial eignete und verkaufte es. Davon lebten er, der Bruder, die Mutter und zwei kleine Schwestern. Doch die zunehmenden Schmerzen zwangen ihn schließlich zu bleiben. Und da begann Salman zu erzählen …

Sie soll aufhören zu schimpfen. Salman hält sich die Ohren zu. Die Stimme seiner Mutter überschlägt sich fast. Salman hat ein schlechtes Gewissen, ja, es war falsch, was er getan hat, aber seine Mutter soll jetzt aufhören, ihn auszuschimpfen. Ergeben lässt er sich von ihr die Straße hinaufziehen. Vor dem Tor des grau verputzten Gebäudes bleibt seine Mutter stehen.

»Du gehst jetzt zurück in die Schule«, sagt sie. »Wehe, du schwänzt noch einmal!« Ihr Gesicht sieht unnachgiebig streng aus.

Salman spürt den Blick seiner Mutter im Rücken, als er sich zwischen der Mauerruine und dem dicken Balken durchschlängelt. Er setzt sich ohne ein Wort auf seinen Platz. Auch der Lehrer sagt kein Wort, aber er nickt

Salman zu und legt ihm ein Blatt Papier und einen Stift auf den Tisch. Die Tischplatte ist schräg und der Stift rollt auf den Boden. Salman bückt sich. Der Stift ist in eine Wasserlache gefallen. Die Lache wird immer größer, schon umspült das Wasser Salmans Füße. Er umklammert den Stift, schnellt hoch, stößt mit dem Kopf gegen die Tischkante.

»Da!«, stammelt er. Unaufhörlich strömt das Wasser. Jetzt sehen die anderen es auch. Sie beginnen zu schreien, genauso laut wie Salman. Alle stürzen aus dem Raum, an dem dicken Balken mit den Rissen und Splittern vorbei, auf die Straße, bergan. Salman kann nicht mehr denken vor Panik. Genauso hatte es angefangen. Nur schneller, viel schneller war es gegangen an diesem furchtbaren Tag. Fast ein Jahr ist es her. Zuerst war ein Tosen zu hören, laut und unbekannt und bedrohlich. Der Boden hatte gebebt, es hatte gestürmt wie aus dem Nichts. Dann war es dunkel geworden, als hätte sich eine Wand vor die Sonne geschoben, eine Wand aus Wasser.

»Die Welle«, hatte seine Mutter geschrien, »die Todeswelle verschluckt uns!« Sie hatte Salman und die Geschwister gepackt, irgendwo am Arm, an den Haaren, an der Schulter. Alle schrien und kreischten. Überall waren plötzlich Wasser und Schlamm.

»Die Straße hoch«, hatte die Mutter gekeucht. Dann waren sie gerannt, immer weiter, bis das Atmen sich wie schneidende Messer anfühlte. Nur einmal hatte Salman sich umgedreht. Der Vater! Der Vater wollte doch zum Boot, war ihm eingefallen. Wo war der Vater?! Salman sah die Riesenwelle, den Tsunami, der sich wild und hoch auftürmte vor dem kleinen Fischerdorf Krueng Raya. Niemals hatte Salman so etwas Hohes gesehen. Nicht mal die längsten Palmen am Rand des Dorfes waren so hoch wie diese schwarze bedrohliche Wassermasse, die in ungeheurer Geschwindigkeit vom Meer her auf sie zukam. Salman wurde von der Hand des großen Bruders weitergerissen. Keiner von ihnen schrie jetzt mehr, nur von Ferne aus dem Dorf hörten sie Schreie. Das Letzte, was Salman wahrnahm, war das Schluchzen der Mutter, die ihre vier Kinder an sich presste.

An die Zeit danach hatte Salman keine Erinnerung. Es war, als wäre alles ausgelöscht in ihm. Irgendwann nach vielen Tagen war er aufgewacht aus dieser Leere. Er hatte wieder selbst essen und trinken können, er war aufgestanden und hatte die Bretter befühlt, die jetzt das Zuhause seiner Familie bildeten. Seine Mutter hatte diesen Verschlag gebaut, einen kleinen Anbau ans verschont gebliebene Haus des Onkels. Draußen schien die Sonne, als sei nichts gewesen.

Auch jetzt scheint die Sonne und lässt ihr Licht über der kleinen Insel Pulau Weh in der indonesischen Provinz Aceh flirren vor Hitze.

»Kommt zurück«, ruft Lehrer Ramlan den verängstigten Kindern zu, »es passiert euch nichts. Der Wassertank hat ein Leck.« Er setzt sich auf eine Kiste neben dem Schulgebäude. Zögernd kehren die Kinder zurück und scharen sich um ihn.

»Es war nur das Wasser aus dem Tank«, beruhigt er, »schaut nur, jetzt ist alles ausgelaufen. Es ist vorbei.« Salman lässt seinen Blick über das Schulhaus wandern. Die linke Wand ist herausgebrochen und mit einer großen Plastikfolie verhängt. Um einen der Stützbalken am Eingang ist ein Tau geschlungen, damit er nicht weiter zur Seite kippt. Das andere Ende des Taus führt mehrfach um den stehen gebliebenen Rest der Seitenmauer. Ein paar Steinbröckchen liegen auf dem Steinboden davor. Nur die Tische stehen ordentlich hintereinander, auch die Kästen mit Büchern und Papier und Stiften, die Lehrer Ramlan organisiert hat, bilden eine gerade Reihe auf der Ablage hinterm Lehrerpult. Salman liebt diese Ordnung. Es ist gut, wenn alles seinen Platz hat.

Im Dorf war nach dem Tsunami nichts mehr an seinem Platz. Die Häuser, die Ställe, die Fischerboote schwammen, in tausend Einzelteile zerlegt, durch die Fluten, verhakten sich an umgerissenen Palmen oder steckten irgendwo im Schlamm fest. Nur die Moschee war nicht zerstört worden. Salman war in den ersten Wochen nach der Katastrophe mehrmals am Tag zur Moschee gelaufen und hatte sein Gesicht an ihre sonnenwarme Wand gedrückt oder sich einfach an sie gelehnt. Nur so konnte er mit seinem Vater reden, in Gedanken, ohne Worte. Sein Vater würde ihm zuhören, wo immer er auch war – im Meer, im Schlamm oder verschüttet unter den Trümmern des Hotels, neben dem sein Fischerboot gelegen hatte. Mit niemandem sonst hatte Salman geredet, nicht ein Wort hatte er gesprochen, fast zwei Monate lang.

Als in der Schule wieder Unterricht stattfand, hatte seine Mutter ihn sofort hingeschickt. Aber Salman weigerte sich zu gehen. Was sollte er dort? Die Schule war ihm gleichgültig. Alles war gleichgültig. Warum sollte er lernen? Irgendwann würde wieder ein Tsunami kommen und alles zerstören. Das Einzige, das zählte, war aufzupassen auf die ersten Anzeichen der nächsten Katastrophe und sich zu schützen. Das Meer machte ihm Angst, der Sturm machte ihm Angst, der Regen machte ihm Angst, eigentlich bestand Salmans Leben hauptsächlich aus Angst. In der Schule, die notdürftig hergerichtet war, konnte er den Himmel nicht beobachten. Was, wenn wieder drohende Wolken aufzogen?

Lehrer Ramlan hatte Salman auf den Platz am Fenster gesetzt, sodass er den Himmel sehen konnte. Er war sowieso sehr nett, fand Salman nach dem dritten Tag, an dem seine Mutter ihn höchstpersönlich auf die Holz-bank gedrückt hatte. Lehrer Ramlan war eigentlich gar kein Lehrer, aber wen interessierte das schon? Er hatte in dem Hotel gearbeitet, das es nicht mehr gab. Jetzt war er eben für den Unterricht der Kinder aus Krueng Raya zuständig. Er konnte Englisch und ein bisschen Spanisch sprechen und deshalb mit den vielen Menschen aus fernen Ländern verhandeln, die jetzt überall auftauchten. Sie brachten Zelte, Lebensmittel und andere Hilfsgüter. Auch Bücher – und wunderschöne Malstifte! Lehrer Ramlan wusste immer genau, wen er wonach fragen musste, und so hatten sie bald eine gute Ausstattung.

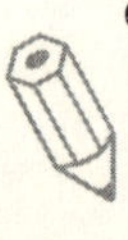

Salman schaut den Stift in seiner Hand an, den er aus der Wasserlache aufgehoben hatte. Er hat ihn in seiner Panik zerbrochen, mittendurch. Lehrer Ramlan lacht.

»Nun hast du zwei Stifte«, sagt er. Da fängt auch Salman an zu lachen. »Also muss ich zwei Bilder malen!« Malawati, seine Banknachbarin, schüttelt den Kopf. Sie nimmt ihm das kleinere Stück des Stiftes weg, zeigt erst auf ihn, dann auf sich selbst, dann hebt sie zwei Finger in die Höhe.

»Aha«, ruft Salman, »zwei Stifte für zwei Kinder! Okay.« Malawati nickt. Sie sagt nichts.

Malawati spricht überhaupt nicht. Der Tsunami hat ihr nicht nur die Eltern und die Geschwister, sondern auch die Sprache weggerissen. Lehrer Ramlan legt ihr eine Hand auf die Schulter und schiebt sie ins Klassenzimmer.

»Du darfst bestimmen«, sagt er und schaut in ihr ernstes Gesicht. »Malen oder rechnen?« Salman hofft, sie wird »malen« sagen, das macht er am liebsten. Er legt schon mal das Blatt zurecht. Auch die anderen greifen nach den Farbstiften.

»Nun«, sagt Lehrer Ramlan geduldig, »was möchtest du?« Malawati reibt über die Tischplatte. Sie dreht den Kopf zur Seite und schaut aus dem Fenster. Es ist ganz still im Schulzimmer. Draußen zwitschert ein Vogel. Von ferne ist das ruhige Brummen eines Flugzeugs zu hören. Und plötzlich ist noch etwas zu hören.

»Rechnen«, flüstert Malawati. Ihre Stimme klingt rau. Sie räuspert sich. »Ich möchte gern rechnen.« Es ist immer noch still. Dann legen alle das Malpapier beiseite, ganz leise. Lehrer Ramlan teilt Rechenblätter aus und Salman holt die ordentlich gespitzten Bleistifte aus dem Kasten hinterm Lehrerpult. Leise, dass bloß keiner herunterfällt, legt er jedem einen Stift auf den Tisch.

»Bitte«, sagt er, als er bei Malawati ankommt. Beim Hinsetzen stößt er nicht wie so oft an den Tisch, zum Glück nicht. Sonst hätte er nicht mitbekommen, dass Malawati neben ihm nicht nur die Lippen bewegt, sondern kaum hörbar »Danke« flüstert. Und dann beginnt die Rechenstunde.

Ursel Scheffler

Nur nicht den Mut verlieren!

Als Micky wieder zu sich kommt, kann er nichts sehen, weil seine Augen mit einem Tuch verbunden sind. Er wird hochgehoben und in einen Hauseingang geschoben. Es riecht moderig. Jemand gibt ihm einen Stoß. Er stolpert über eine Steinstufe. Dann geht es offenbar eine Kellertreppe hinunter.

»Los, geh schon!«, knurrt eine Stimme ungeduldig. Eine Tür öffnet sich knarrend. Er wird in einen Raum geschubst.

»Jack, wer zum Teufel ist das?«, ruft eine überraschte Männerstimme.

»Ein Schnüffler! Er ist uns gefolgt«, antwortet Jack.

Dieser »Jack« muss Vincent van der Meulen sein, denkt Micky. Er kennt seine Stimme. Schließlich hat er fast eine Woche lang an Bord des Kreuzfahrtschiffs *Queen Mary* mit ihm an einem Tisch gesessen! Und er erkennt ihn an seinem Siegelring mit dem Drachen, der kurz darauf in sein Blickfeld gerät!

»Das ist doch nur ein Junge!«, sagt der andere verächtlich.

»Aber er ist clever! Ich kenn ihn vom Schiff. Er könnte unsere Pläne durchkreuzen …«, antwortet Jack besorgt und schiebt Micky in eine Ecke. »Wir behalten ihn besser im Auge!«

»Nimm meinen Gürtel!«, sagt der andere.

Micky spürt, wie er jetzt mit einem Gürtel an einen Stuhl gefesselt wird.

Zwei kräftige Hände packen seine Knöchel und fixieren sie mit Paketband an den Stuhlbeinen.

Und auch seine beiden Hände werden mit einem unnachgiebigen Klebeband fest aneinandergebunden.

»Tut ihm nicht weh!«, sagt eine weibliche Stimme – Ranjas Stimme! Mrs Kyotos nette Krankenschwester wurde also nicht entführt, sondern sie steckt mit der Bande unter einer Decke, denkt Micky verblüfft.

»Sein Handy!«, knurrt Jack und tastet Micky nach seinem iPhone ab. »Die Polizei könnte uns durch die Funksignale ausfindig machen.«

Jack zieht mit zufriedenem Grinsen das iPhone aus Mickys Hosentasche und wirft es auf den Boden. Ein knirschendes Geräusch verrät Micky, dass er es unter seinen Schuhsohlen zermalmt. Das schmerzt!

Sein nagelneues iPhone, auf das er so

stolz ist! Micky presst die Augen zusammen. Aber trotzdem laufen die Wuttränen heraus.

Der Kerl hat nicht nur sein schönes iPhone zerstört, sondern auch die Hoffnung, dass er damit Hilfe herbeirufen kann. Die Handy-Nummer seiner Mutter kennt er auswendig.

»Lasst uns nebenan über unsere Geschäfte reden!«, sagt Jack zu seinem Geschäftspartner. Sie gehen durch eine graue Stahltür in einen Nebenraum. Jack blickt über die Schulter zurück und ruft Ranja zu: »Machst du gleich mal Kaffee für Omar und mich?«

»Okay!«, antwortet Ranja, und dann hört man sie in der Ecke an der Kaffeemaschine hantieren. Die Tür ist jetzt halb offen.

Angestrengt spitzt Micky die Ohren, aber er kann nur Bruchstücke verstehen. Dann erschrickt er: Es fällt der Name »Ben Bom«, das ist der Chef der Terroristenbande, der Kommissar Kugelblitz und seine Kollegen vom FBI auf den Fersen sind.

Dieser »Jack« hat offenbar weit gefährlichere Dinge vor als den Diebstahl von Mrs Kyotos Rollstuhl, den er aus noch unbekannten Gründen am New Yorker Kreuzfahrt-Terminal entwendet hat.

Nachdem Ranja den Männern den Kaffee gebracht hat, bleibt die Tür verschlossen.

Da klingelt das Telefon auf dem grünen Schreibtisch, der neben der grauen Tür steht. Ranja nimmt den Hörer ab und ruft etwas in den Nebenraum, was Micky nicht versteht.

Der Mann, den Jack »Omar« genannt hat, kommt wieder herein. Micky erkennt ihn am Tritt seiner Schuhe. Er trägt Ledersohlen. Keine *Sneakers*. Ein *Businessman*?

Micky lehnt sich an die Wand, als ob er schliefe. Wenn er den Kopf ganz schräg hält, kann er durch die Augenbinde den Fußboden sehen. Es ist ein grauer Betonfußboden und der Mann trägt schwarze Schuhe. Er muss ziemlich groß sein.

Omar redet am Telefon in einer fremden Sprache. Es klingt arabisch. Den letzten Satz wiederholt er auf Englisch: »Friday, five o'clock, Top of the Rock!«

Offenbar notiert er etwas auf einem Zettel. Micky hört das Rascheln von Papier und das Geräusch eines Stiftes, der auf die Tischplatte geworfen wird.

Omar legt auf und geht zu Jack in den Nebenraum zurück.

Ein paar Minuten später rufen die Männer Ranja zu sich. Die Stimmen im Nebenraum werden lauter und fordernder.

Micky hört, wie Ranja schließlich sagt, dass sie da nicht mitmacht. Sie ruft energisch: »Nein! Nein! Nein!«

Jack wird wütend.

Micky hört, wie die beiden Männer Ranja als Feigling und Verräterin beschimpfen. Plötzlich wird die Tür aufgerissen. Ranja stürzt heraus. Sie will weglaufen. Die beiden Männer verfolgen sie.

Und dann passiert etwas Unglaubliches: Die Männer packen Ranja, setzen sie auf einen Stuhl und binden sie, nicht weit von Micky entfernt, an einem Heizungsrohr fest.

Durch den kleinen Sehschlitz am linken Nasenflügel kann Micky sehen, wie sie Ranjas Beine, die in schwarzen Leggins stecken, ebenfalls mit Klebeband an den Stuhlbeinen befestigen.

»Das sind Profis!«, denkt Micky. Sein Herz klopft. Jetzt nur nicht den Mut verlieren. Irgendwie gibt es immer einen Ausweg.

Ranja schluchzt und bittet die beiden, sie wieder loszumachen.

Aber die bleiben unerbittlich. Jack sagt noch, dass sie dableiben wird, bis

das große Ding durchgezogen ist. Omar lacht spöttisch und rät, dass sie sich danach unbedingt vor der Polizei verstecken muss, weil sie in einem Rollstuhl Sprengstoff für einen Terroranschlag ins Land geschmuggelt hat.

»Ihr wisst genau, dass ich keine Ahnung von euren Plänen hatte!«, ruft Ranja wütend.

»Die Polizei wird dir nicht glauben«, sagt Jack und lacht spöttisch.

Er hat recht, denkt Ranja und lässt den Kopf sinken. Die Lage scheint ausweglos.

Jetzt drehen die beiden Männer das Licht aus und verlassen den Raum.

Man hört ihre Schritte auf der Kellertreppe.

»Ranja?«, fragt Micky leise. Er hoppelt mit seinem Stuhl ein kleines Stückchen in ihre Richtung.

»Wo bin ich da nur hineingeraten!«, schluchzt Ranja und sagt, wie leid es ihr tut, dass Micky in die Sache hineingezogen wurde und dass Jack ein Lügner und ein Schuft sei.

»Sie haben einen furchtbaren Plan! Als dieser Omar in arabischer Sprache telefoniert hat, habe ich jedes Wort verstanden. Zum Glück weiß Omar nicht, dass ich in Damaskus geboren bin und dort eine Weile zur Schule ging. Daher kann ich Arabisch.«

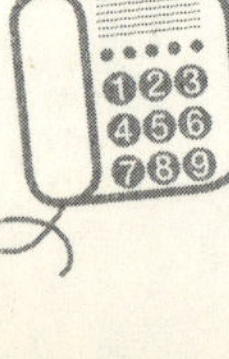

Was die Männer Schlimmes planen, will sie Micky nicht sagen.

»Wir müssen hier raus, bevor sie zurückkommen!«, sagt Micky entschlossen. »Aber wie?!« Vergeblich versucht er immer wieder, sich von den klebrigen Fesseln zu befreien.

»Auf dem Tisch in der Ecke steht das Telefon, aber ich komme nicht dran!«, überlegt Ranja.

Ihre Hände und Füße sind gefesselt, genau wie die von Micky. Außerdem hängt sie noch am Heizungsrohr fest.

Eine aussichtslose Lage! Eine aussichtslose Lage?

Micky muss plötzlich an die Fabel von den beiden Fröschen denken, die sie vor Kurzem in der Schule gelesen haben. Zwei Frösche waren ins Buttermilchfass gefallen und drohten zu ertrinken. Die Lage schien aussichtslos. Aber einer der Frösche gab die Hoffnung nicht auf. Er strampelte und strampelte, bis aus der Milch Butter geworden war. Dann kletterte er auf einen Butterklumpen und sprang heraus.

Micky beschließt zu strampeln!

Aber wo, verflixt noch mal, ist hier ein Butterklumpen?

»Nur Mut! Wir dürfen nicht aufgeben«, sagt Micky zu Ranja und überdenkt noch einmal angestrengt die Situation vor Ort.

Die Fesseln lassen sich nicht lösen. Die Fenster sind vergittert.

Die Tür ist verschlossen.

Das Telefon? Vielleicht war das Telefon auf dem Tisch der rettende »Butterklumpen«? Aber wie konnte er es erreichen?

Frage an alle mutigen Detektive, die Micky in dieser ausweglos scheinenden Situation beistehen möchten:

Was könnte Micky jetzt tun?

Lösung:

Er hoppelt mit dem Stuhl zum Schreibtisch, angelt mit dem Mund nach dem Bleistift, den der Mann auf die Tischplatte geworfen hat, und tippt damit auf der Telefontastatur die Rufnummer vom Handy seiner Mutter ein, die er auswendig kennt.

Anja Tuckermann

Nina

Es ist nun mal so gekommen. Keiner mag mehr mit Nina reden, denn wir fühlen uns alle schlecht.

Der Tag gestern fing schon anders an als sonst. Meine Mutter hatte mir wieder Anziehsachen hingelegt. Ich habe ihr mindestens hundertfünfundzwanzig Mal gesagt, dass ich kein Kind mehr bin, und die anderen aus meiner Klasse hatten sich sogar als Kinder schon ihre Anziehsachen selbst aussuchen dürfen. Aber Mama kann es einfach nicht lassen, sie will immer bestimmen. Der pinkfarbene Rock lag da, ein rosa T-Shirt, weiße Strumpfhosen. »Du denkst wohl, ich bin eine Anziehpuppe«, wollte ich rufen. Aber gestern schwieg ich. Nahm den Rock, die Strumpfhose und das T-Shirt und schob alles ganz nach hinten in den Schrank. Dann zog ich meine weite Jeans an, dazu einen schwarzen Pulli.

»Ich trage, was ich will«, sagte ich beim Frühstück. »Ich bin kein Kleinkind mehr und – ach, Mama, bitte, flipp jetzt nicht aus!«

Aber sie wurde rot im Gesicht, erst um die Augen, dann an den Wangen.

»Miri, wie redest du denn mit mir?«, fragte sie. »Wo hast du überhaupt diese Hose her?«

»Die habe ich mir von meinem eigenen Geld gekauft.«

Meine Mutter fing an zu schimpfen, ihr Kaffee schwappte über. Ich nahm schnell meine Schultasche, rief Tschüss! Und lief los. In jedem Schaufenster betrachtete ich mein Spiegelbild und so kam ich gut gelaunt in der Schule an. In der ersten Stunde hatten wir Deutsch.

»Deine Hose ist ja toll«, flüsterte Nina. Ich lächelte.

Herr Schulze fragte ein Kapitel aus dem Buch ab, das wir bis heute lesen sollten. Ich duckte mich, aber wahrscheinlich zu auffällig, denn prompt rief er mich auf. So weit wie verlangt hatte ich noch nicht gelesen und murmelte irgendetwas von der Hauptperson, aber er merkte gleich, dass ich keine Ahnung hatte, machte sich ein Zeichen in sein Notenbuch und rief ein anderes Kind auf.

In der großen Pause fragte Nina: »Was ist denn mit dir heute los, du hast keine Schularbeiten gemacht und dazu kommst du noch mit neuen Klamotten?«

»Ich lasse mir nicht mehr vorschreiben, was ich anziehen soll. Ab heute ist das vorbei«, sagte ich und konnte gar nicht aufhören zu lächeln.

»Simon sieht dich immerzu an«, sagte

Nina. Sie war die Älteste in der Klasse, schon 13. Sie kannte sich aus mit Jungen. In der nächsten Stunde flüsterte sie: »Frag ihn doch, ob du neben ihm sitzen kannst.«

»Nein, traue ich mich nicht.«

»Dann frag ihn doch bitte bitte für mich, ob du mit Dennis den Platz tauschen kannst. Damit Dennis neben mir sitzen kann. Dann müsstest du nur wegen mir neben Simon sitzen.«

Auf ein Stückchen Papier schrieb ich: Tauschen wir Plätze? Nina möchte neben dir sitzen. Miriam.

Fünfmal falten. An Dennis! darauf schreiben. Durch drei Reihen musste der Brief. Als er zurückkam, stand Ja! darauf.

In der nächsten Pause tauschten wir Plätze. Dennis saß neben Nina, ich neben Simon.

Ich klebte auf meinem Stuhl, der linke Ellenbogen stieß an Simons Arm. Von der Stelle breitete sich Hitze in mir aus, heizte meinen Körper. Ganz still saß ich, damit keine Lücke zwischen unseren Armen entstehen konnte. Ich hörte nicht, was der Lehrer vorn erzählte, sah nicht nach links oder rechts, sagte nichts, flüsterte nicht, schrieb nicht. Ellenbogen an Ellenbogen mit Simon. Der Mathelehrer gab uns Aufgaben. Zu morgen. Vorgestern hatte er auch schon eine langwierige Aufgabe zu morgen gegeben.

Er ging aus dem Klassenzimmer, wollte ein Buch holen. Und wir sollten inzwischen mit den Aufgaben beginnen. Kaum war er aus dem Raum, wurden Stimmen laut. Zu viel. Morgen schreiben wir doch in Englisch einen Vokabeltest und in Deutsch ein Diktat.

»Zwei Hausaufgaben in einem Fach. Ich weigere mich«, sagte ich. »Mach ich einfach nicht.«

»Was der sich einbildet«, sagte Simon.

»Das kann man ja nicht schaffen«, sagten andere. »Da sitzen wir bis nachts.«

»Der denkt wohl, wir haben nur in Mathe was auf.«

Alle schimpften vor sich hin, bis wir Schritte hörten und erschraken.

»Was ist hier eigentlich los?«, fragte der Lehrer. »Was quatscht ihr hier herum?«

Mit dem Fuß auf den Boden klopfend. Mit diesem gefährlichen Blick. Als würde er gleich jemanden aufrufen, aus seiner schlechten Laune heraus eine Frage stellen, die niemand beantworten konnte. Und dann dem Gefragten mit der dürren harten Faust auf den Kopf klopfen und sagen: Du musst mal ein paar Nüsse essen, die sind gut fürs Gehirn. Aber bei dir helfen sie wahrscheinlich nicht. Und die Stelle, an der seine Fingerknochen aufstießen, würde noch bis zum Abend wehtun. Er würde grinsen

vor Freude, dass er wieder Köpfe klopfen kann. Jetzt grinste er genauso. Spießte uns auf mit seinem Blick, ließ uns zappeln. Er war groß und hager und hatte böse hellbraune, fast gelbe Augen.

»Also? Was ist hier los?«

Ich hatte Angst vor ihm und wünschte ihm täglich Unglück. Jetzt saß ich hölzern auf meinem Stuhl, rührte mich nicht. Niemand rührte sich mehr. Dreißig gesenkte Köpfe zwischen hochgezogenen Schultern, starre Arme, Beine und Blicke.

»Wenn hier niemand etwas zu sagen hat, dann macht jetzt weiter, damit ihr nicht so dumm nach Hause geht, wie ihr gekommen seid. Also?«

Als Nina sich meldete, hörte ich niemanden mehr atmen.

»Ja, Nina, was hast du uns denn zu berichten?«, fragte der Lehrer mit seinem Grinsen, das seine Mundwinkel nach unten zog.

»Die meisten hier«, sagte Nina mit fester Stimme, »sind dagegen, dass Sie so viel Hausaufgaben aufgeben. Wir haben auch in den anderen Fächern etwas auf, und morgen schreiben wir zwei Arbeiten, dafür müssen wir auch noch üben. Ihre Hausaufgaben sind zu viel.«

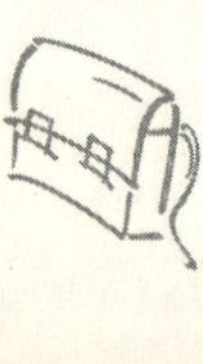

Leise und langsam, jedes Wort einzeln, ich dachte, wie eine Schlange, die uns gleich verschluckt, sagte der Lehrer: »Na, da wollen wir mal sehen, wer hier gegen irgendetwas ist.«

Grinsend natürlich, die Hände in die Hüften gestemmt. Breitbeinig. Ich fror. Sah mich um. Alle Muskeln gespannt, von den Zehen, den Waden, zu den Augenwinkeln, den Lidern, den Ohren. Der Lehrer kniff die Augen zusammen.

»Na? Wer hat hier etwas zu meckern?«

Seine Stimme dröhnte in unseren Köpfen. Meine Arme schmerzten. Ich wollte … ich müsste mich melden, aber meine Arme schmerzten, ich konnte keinen heben, sie waren plötzlich so schwer. Nina hob langsam ihren Arm ganz gerade hoch. Wir wandten uns nach ihr um. Sie blickte uns an. Der Lehrer schaute in die Runde und sein Grinsen wurde immer breiter. Keiner, nicht Simon, nicht Dennis, nicht Kerstin, ich nicht, niemand rührte sich. Ich hatte einen merkwürdigen Druck im Kopf, ich dachte, der Sauerstoff würde knapp, bis ich merkte, dass ich die Luft anhielt. Wir ließen Nina im Stich. Sie hatte für uns gesprochen und wer hielt jetzt zu ihr? Wir hatten alle Angst.

»Na also! Keiner hat hier etwas dagegen. Und bevor du noch mal etwas sagen möchtest, Nina, überleg dir, ob du nicht lieber ganz für dich allein sprechen solltest«, sagte der Lehrer, nahm die Kreide und drehte sich zur Tafel. Ich wollte schreien. Aber nichts. Wir atmeten alle aus. Und vermieden es, nach hinten zu sehen, wo Nina saß. Es kribbelte in meinen Beinen und Armen. Meine Glieder waren immer noch so kraftlos.

In der Pause unterhielten wir uns nicht. Nur unsere Brote tauschten wir wie immer. Von meinen isst Kerstin welche, sie hat nie welche, und meine Mutter schmiert immer zu viel. Oder ich tausche mit den anderen Brot gegen Apfel oder Wurstbrot gegen Käsebrot. In dieser Pause sahen wir uns gegenseitig nicht in die Augen und redeten fast nicht miteinander. Ich schämte mich nicht nur vor Nina, sondern auch vor allen anderen. Am liebsten würde ich niemanden sehen. Ihnen schien es ähnlich zu gehen. Alle mieden Nina, mit ihr wollte keiner zu tun haben.

Wenn nur einer sich gemeldet hätte, dann hätte ich auch meine Hand gehoben. Dann hätte ich mich getraut. Bestimmt hätten dann noch mehr mitgemacht. Vielleicht alle. Aber außer Nina hat niemand von uns den Mut gehabt. Seit gestern redet niemand mehr mit Nina. Am liebsten hätten wir sie nicht mehr vor Augen gehabt. Weil ihr Anblick uns jedes Mal daran erinnerte, dass wir zu feige gewesen sind.

Und heute in der letzten Stunde haben wir wieder Mathe. Manche schreiben in der Pause schnell die Aufgaben bei denen ab, die sie gemacht haben. Bei manchen haben die Eltern sie gelöst. Viele saßen bis gestern Abend um zehn daran. Das erlaubte mir Mama nicht.

»Du warst den ganzen Tag in der Schule, hast den ganzen Nachmittag Hausaufgaben gemacht, nach dem Abendessen ist Schluss. Und spielen musst du auch irgendwann noch, sonst kannst du nicht schlafen. Du bist ein Kind und um neun musst du ins Bett.«

Mama wollte immer bestimmen, aber manche Dinge bestimmte sie ganz gut. Nur Ausnahmen könnte sie manchmal machen. Ich hatte schon gestern Abend Angst vor der Schule. Und lieber hätte ich noch die Matheaufgaben fertig gemacht. Aber sie waren wirklich zu viel. Ich dachte an Nina, wie niemand mehr mit ihr gesprochen hatte. Wir mochten sie nicht mehr, weil wir nicht mutig gewesen waren. Mir drehten sich die Gedanken im Kopf.

»Bitte Mama, lass mich doch die Hausaufgaben machen. Der wird sonst ganz schrecklich.«

»Kommt nicht infrage. Ich schreibe dir einen Entschuldigungszettel, dass die Aufgaben nicht zu schaffen waren. Und dass deine Gesundheit vorgeht. Du brauchst deinen Schlaf.«

»Wir haben dem gestern auch gesagt, dass es zu viel ist.«

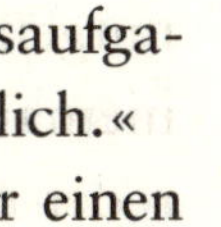

»Wer? Du?«

»Nina.«

»Und?«

Ich zuckte die Schultern. Sogar vor Mama war es mir peinlich. Gerade weil Mama immer sagt, ich sei ein Dickkopf, würde immer widersprechen und sollte ab und zu mal meinen Mund halten und etwas einsehen.

»Mama, du weißt doch, dass er schrecklich ist.«

Sie nickte. »Ja, Miri. Sogar die Eltern kuschen vor ihm.«

In der 5. Klasse mussten wir einmal in der Woche alle aufstehen und kopfrechnen. Der Lehrer sagte die Aufgaben, und wer am schnellsten die Lösung rief, durfte sich setzen. Ich konnte nicht rechnen, wenn der so eklig grinste. Ich konnte auch nicht rechnen, wenn ich schnell sein musste. Und ich konnte nicht rechnen, wenn ich Angst hatte, zu den letzten stehenden Doofen zu gehören. Und niemand traute sich, sich einfach heimlich hinzusetzen. Er schaute nie weg, wie ein Raubtier blickte er uns mit seinen gelben Augen scharf an. Manche, die schon saßen, versuchten, den Stehenden zu helfen. Aber Flüstern ging nicht, wir waren so eingeschüchtert, dass wir uns das nicht trauten. Und er hörte ja auch alles.

»Wer den Dummen hilft, bleibt bei den Dummen stehen«, sagte er. Manche aber schrieben die Lösung mit dem Finger auf den Tisch. Mit dem Stift auf ein Blatt ging ja auch nicht. Ich stand und immer wieder stockte mir der Atem. Ich merkte es daran, dass ich erst nach der Lösung wieder einatmete. Und statt im Kopf zu rechnen, hatte ich die Luft angehalten. Der Boden sollte sich auftun und den Lehrer für immer verschlucken. Ich gehörte immer zu den Letzten, die noch standen.

»Die drei Dummen dürfen sich setzen«, sagte er, grinsend natürlich, die gelben Augen blitzten vergnügt.

Und jetzt klingelt es gleich und ich will… und ich will nicht. Ich schreibe die Matheaufgaben nicht von Simon oder Kerstin ab. Ich habe Mamas Zettel. Aber den will ich dem auch nicht geben. Ich würde am liebsten unsichtbar sein. Oder der Boden soll vor dem Klassenzimmer aufreißen, kurz bevor der hereinkommt, und er soll für immer vom Erdboden verschluckt bleiben. Nina ist heute nicht in der Schule.

Der leere Platz neben mir ist sehr leer.

»Er kommt«, ruft Dennis von der Tür.

Alle setzen sich auf ihre Plätze, erleichtert, sie haben die Hausaufgaben mit Ach und Krach im letzten Moment ge-

schafft. Ob alle sie haben, weiß ich nicht. Vielleicht wird er ja gar nicht danach fragen. Ich halte schon wieder die Luft an. Es ist sehr still im Klassenraum, keiner blickt je den Lehrer direkt an. Nur wenn er nicht guckt. Man will seinem stechenden Blick nicht begegnen und nicht sehen, wie er dann die oberen und die unteren Zähne aufeinanderreibt, das Kinn leicht vorgereckt. Kerstin ist nervös, sie spielt mit dem Stift, Dennis' Bein wackelt auf und ab. Ich wäre lieber neben Kerstin, meiner besten Freundin, aber wir dürfen nicht nebeneinander sitzen.

Draußen ist Sommer. Heller frischer Sommer.

»Bitte die Hausaufgaben abgeben!«

So heiß, mir ist so heiß. An den Schläfen, an den Augen, die Füße kalt, ich muss atmen. Den Zettel von Mama jetzt hervorholen. Ich hebe sehr langsam meine Hand.

»Miriam? Hast du uns etwas zu sagen?«

»Ich habe meine Hausaufgaben nicht geschafft.«

Die Luft bleibt still, bleibt stehen, im Raum bewegt sich niemand.

»Du wolltest sagen, du hast die Hausaufgaben nicht gemacht und möchtest einen Eintrag.«

Ich schlucke, beiße ganz fest die Zähne aufeinander und drücke unter dem Tisch die Hände zusammen. Ich sage: »Nein, das wollte ich nicht sagen. Ich habe gestern

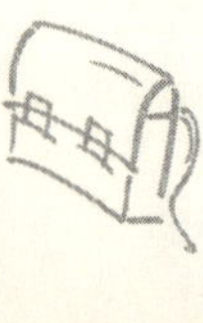

damit angefangen, aber es waren zu viele Aufgaben, und Nina hatte gestern recht. Ich habe die Aufgaben nicht geschafft bis neun Uhr. Und um neun muss ich ins Bett. Es war zu viel.«

Er verschränkt die Arme. »Dass die Aufgaben für dich zu viel sind, wundert mich nicht. Du guckst mehr aus dem Fenster als zur Tafel. Die anderen haben die Aufgaben gemacht, dir trage ich für nicht gemachte Hausaufgaben eine Sechs ein.«

Jetzt geht es nicht mehr, jetzt weine ich. Der Lehrer beginnt, die Hefte einzusammeln. Neben mir ist der Platz leerer als leer und durch die Tränen trifft mein Blick auf Kerstins. Ich sehe sie auf ihrem Stuhl herumruckeln, dann hebt sie langsam ihre Hand.

»Kerstin hat auch etwas zu melden?«

Ihr versagt beinah die Stimme, aber sie spricht.

»Die Aufgaben waren wirklich zu viel. Hätte meine Mutter sie mir nicht diktiert, hätte ich sie nicht geschafft.«

Der Lehrer grient. »Dann gib mal her, dann werden wir mal sehen, ob deine Mutter rechnen kann.«

Er greift nach Kerstins Heft. Aber nehmen kann er es nicht, denn sie hat sich darauf gestürzt, hält es mit beiden Händen fest und drückt es dann gegen ihre Brust.

»Gib mir bitte das Heft!«, sagt der Lehrer schneidend. »Sofort!«

Da beginnt auch Kerstin zu weinen, springt auf und rennt mit dem Heft aus dem Klassenzimmer.

»Ja, die Hausaufgaben waren einfach zu viel«, sagt Simon. Und hat nicht gewartet, bis er aufgerufen wird und sprechen darf. Ich freue mich, ich habe gestern neben ihm gesessen, er riecht gut und er traut sich doch was. »Nina hat es gestern schon gesagt. Wir haben uns nur nicht getraut, es auch zu sagen.«

»Und da habt ihr eure Klassenkameradin im Stich gelassen«, sagt der Lehrer hämisch lachend. Das habe ich bei ihm noch nie gesehen und gehört. Sein Lachen klingt meckernd und hat gar nichts von einem Raubtier, gar nichts Gefährliches an sich.

Im Raum raschelt und flüstert es, der Raum ist voller Unruhe.

»Jetzt reicht's!«, sagt der Lehrer, mehr zischt er es, als dass er es spricht. Und es wird still, auf merkwürdige Weise still, denn die Kinder bewegen sich in der Stille weiter, langsam und leise.

Erst Simon, dann auch Dennis packen ihre Mathehefte und Mathebücher ein, ein kurzes Zögern ist in der Klasse. Dann packt nach und nach ein Kind nach dem anderen seine Sachen, fast ohne ein Geräusch. Und

ich auch. Meine Tränen habe ich abgewischt, jetzt hole ich tief Luft, nehme meine Schulmappe, stehe auf und gehe in großem Bogen um den Lehrer herum zur Tür. Und hinaus. Er schweigt, aber wie er guckt, wie er da steht, weiß ich nicht. Ich schaue nicht hin. Nur aus den Augenwinkeln nehme ich ihn wahr, er soll mir nicht zu nahe kommen, und wenn er mich zurückhalten will, dann gehe ich trotzdem. Mich hält jetzt niemand auf.

Ich will zu meiner Freundin, zu Kerstin.

Und ich wünschte, Nina wäre heute da gewesen.

Literarisches Rätsel
Welttags-Geschichten-Quiz

Wir hoffen, dir haben die Mutgeschichten gefallen und du hattest ein spannendes Lesevergnügen. Spannend geht's auch weiter, wenn du das folgende Rätsel lösen möchtest. Mitmachen lohnt sich: Auf Seite 122 findest du eine Übersicht der Preise.

Wenn du die Geschichten in dem Buch genau gelesen hast, findest du den Lösungssatz: Trage jeweils den Buchstaben, der vor der richtigen Antwort steht, auf dem Strich mit der entsprechenden Nummer ein. Der Buchstabe zur Frage 1 kommt also auf den Strich mit der Nummer 1 usw.

Wenn du bei einer Frage nicht weiterkommst, kannst du natürlich gerne noch mal zurückblättern und nachlesen. Die Reihenfolge der Fragen entspricht der Reihenfolge der Geschichten im Buch.

Aus allen Einsendungen werden 60 Gewinner gezogen, die sich auf tolle Preise freuen können. Was es zu gewinnen gibt und wohin du den Lösungssatz schicken musst, steht auf den Seiten 121 und 122.

Viel Spaß beim Rätseln und viel Glück!

1. **Wen hält Leandro für Cassandras Vater?**
   B) Sargträger
   L) Friedhofsgärtner
   D) Totengräber
   H) Grabräuber

2. **In welcher Zeit hat Timmy die 200 Meter für das Jugendschwimmabzeichen geschafft?**
   Z) 09:45 Min.
   M) 11:58 Min.
   W) 15:23 Min.
   N) 10:14 Min.

3. **Wie heißt der Hund von Tims Oma?**
   T) Rufus
   G) Brutus
   Ö) Baldus
   R) Tiberius

4. **Welche Lieblingsfarbe hat Noras Mama?**
   X) orange
   Z) gelb
   B) rot
   V) blau

5. Was möchte Malawati im Unterricht behandeln?

G) Malen
P) Schreiben
L) Rechnen
Y) Lesen

6. In welchem Gefäß steckten die Frösche aus der Fabel?

I) Regentonne
E) Buttermilchfass
A) Wasserbottich
O) Saftkrug

7. Wann haben Miriam und ihre Klasse am nächsten Tag Mathe?

C) In der 4. Stunde
N) In der letzten Stunde
J) In der 3. Stunde
U) In der ersten Stunde

Lösungssatz:

Die Heldinnen und Helden unserer Mutgeschichten sind in ganz schön aufregenden und kniffligen Situationen, in denen sie sich sagen:

»Jetzt nur nicht … _EN _U_ _ER_I_RE_!«
1 2 3 4 5 6 7

Hast du den Lösungssatz herausgefunden?
Dann sende ihn bitte an:

Stiftung Lesen
Welttags-Geschichten-Quiz
Römerwall 40
55131 Mainz
FAX: 01805-2243936 40
E-Mail: quiz@stiftunglesen.de

WICHTIG:
Gib bei deiner Einsendung deine Adresse und deine Klassenstufe an!
Einsendeschluss für das Quiz ist Freitag, der 20. Mai 2011. Die Gewinner werden unter allen richtigen Einsendungen ausgelost. Der Rechtsweg ist ausgeschlossen.

Die Lösung sowie die Gewinner werden ab Mitte Juni auf unserer Internetseite unter www.stiftunglesen.de/welttag-des-buches veröffentlicht. Da sich am Welttags-Geschichten-Quiz jedes Jahr sehr viele Schülerinnen und Schüler beteiligen, können wir nur die Gewinner schriftlich benachrichtigen.

Die Preise

1. Preis

Eine eintägige Fahrt mit der ganzen Klasse ins TV-Studio zur Aufzeichnung der ZDF tivi-Quizsendung »1, 2 oder 3« in München

2.–10. Preis

Je ein Jahresabonnement der Zeitschrift Treff sowie ein Buchpaket für die Klassenbibliothek

11.–20. Preis

Je ein Buchpaket für die Klassenbibliothek

21.–30.Preis

Je eine schwarz-gelbe Sporttasche

31.–40. Preis:

Je ein exklusives Stifte-Set

41.–50. Preis:

Je ein Briefpapier-Set mit Briefbögen und Umschlägen

51.–60. Preis:

Je eine schwarze Kulturtasche

Bei den Preisen 1–20 handelt es sich um Klassenpreise, bei den Preisen 21–60 um Einzelpreise.

© privat

Michael Borlik, Jahrgang 1975, machte erst das Abitur und ging anschließend in eine kaufmännische Ausbildung. Seit 2001 veröffentlicht er regelmäßig Kinder- und Jugendbücher. Seit 2005 arbeitet er als freier Schriftsteller. Außerdem ist er verrückt nach Katzen und Reptilien.

© privat

Sissi Flegel hat alles erlebt, was man erleben muss, um Kinder- und Jugendbücher zu schreiben. Sie kommt aus einer Großfamilie, ging auf ein Mädcheninternat, studierte Sprachen und arbeitete als Lehrerin, bis sich ihre Erfahrungen verselbstständigten und in Büchern materialisierten. Ihre witzigen Mädchenbücher sind Bestseller und ihre Fangemeinde wächst ständig. Um näher an den Alltag zu kommen, entstehen ihre Mädchenbücher meistens vor Ort.

© Andreas Kühlken

Annette Langen, 1967 geboren, wuchs in einer Buchhändlerfamilie auf und ist selbst gelernte Buchhändlerin. Sie absolvierte einen Verlagskurs in den USA. Anschließend gestaltete sie als Lektorin viele Jahre das Programm eines Kinderbuchverlages. Bereits in diesen Jahren schrieb sie, neben der Lektoratsarbeit, ihre ersten Kinderbücher. Das erste erschien 1989, inzwischen liegen über 70 Titel von Annette Langen vor. Zu ihren bekanntesten zählen »Briefe von Felix«, die in über 29 Sprachen übersetzt wurden. Seit 2000 ist sie ausschließlich Autorin. Sie hat zwei Kinder und lebt im Bergischen Land.

© Andreas Eisenhart

Sabine Ludwig wurde 1954 in Berlin geboren. Sie studierte Germanistik, Romanistik und Philosophie und war nach dem Staatsexamen kurze Zeit an einem Berliner Gymnasium als Lehrerin tätig. Danach arbeitete sie als Regieassistentin, Pressereferentin und Rundfunkredakteurin. Seit 1987 schreibt sie Geschichten für Kinder. Darüber hinaus übersetzt Sabine Ludwig aus dem Englischen, verfasst Hörspiele und Theaterstücke und arbeitet als Journalistin für den Rundfunk und verschiedene Printmedien. Mit den Übersetzungen von »Winn-Dixie« und »Despereaux« von Kate DiCamillo wurde sie 2002 und 2005 zum Deutschen Jugendliteraturpreis nominiert. Beide Bücher wurden als Hörbuch des Jahres ausgezeichnet.
2010 wurde Sabine Ludwig zur Lesekünstlerin des Jahres gewählt.

© privat

Regina Rusch wurde 1945 in Hamburg geboren und studierte dort u. a. Literaturwissenschaft. Sie arbeitete als Journalistin und Herausgeberin von Büchern, in denen Kinder schreiben. In Frankfurt leitete sie eine Kulturinitiative, veranstaltete bundesweite Schreibwettbewerbe und richtete 1988 den ersten deutschen Literaturpreis mit einer reinen Kinderjury ein (www.kalbacher-klapperschlange.de), der als Vorbild für die Jugendjury beim Deutschen Jugendliteraturpreis diente. Für ihre Bemühungen um Leseförderung erhielt sie das »Göttinger Lesezeichen« und wurde mit dem Bundesverdienstkreuz ausgezeichnet. Ihre Bücher wurden in sieben Sprachen übersetzt. Regina Rusch ist freiberufliche Schriftstellerin, macht Erzählprojekte mit Kindern, Schreibwerkstätten und liest leidenschaftlich gern vor.

© privat

Ursel Scheffler, geb. 1938 in Nürnberg, Literatur-Studium, MA Uni München. Verheiratet, drei Kinder, drei Enkelkinder, 333 Kinderbücher, Lizenzen in 33 Sprachen. Lebt seit 33 Jahren in Hamburg, wo auch die weit mehr als 33 Kommissar Kugelblitz-Krimis entstanden sind. Die hier veröffentlichte Geschichte ist ein Auszug aus dem neuesten Band *Kommissar Kugelblitz in New York*.

© privat

Anja Tuckermann, geboren 1961, lebt in Berlin. Sie engagierte sich in der feministischen Mädchenarbeit und war Redakteurin beim RIAS-Kinderfunk. Sie schreibt Prosa (u. a. Mooskopf, Muscha, Die Haut retten) und Theaterstücke und arbeitet mit Musikern zusammen. Zuletzt wurde in Ankara ihr Theaterstück »Kazandik« uraufgeführt, erschienen der Roman »Mano. Der Junge, der nicht wusste, wo er war« und das Sachbuch »Heimat ist da, wo man verstanden wird – Junge VietnamesInnen in Deutschland«. Für »Denk nicht wir bleiben« erhielt sie 2006 den Deutschen Jugendliteraturpreis, für »Mano« 2009 den Friedrich-Gerstäcker-Preis.

Michael Borlik
Der 13. Engel
dtv junior

Sissi Flegel
Die Klassenzimmer-
Detektive
cbj Verlag

Annette Langen
Geh nicht mit, Jasper!
Arena Verlag

Sabine Ludwig
Aufruhr im
Schlaraffenland
Cecilie Dressler Verlag

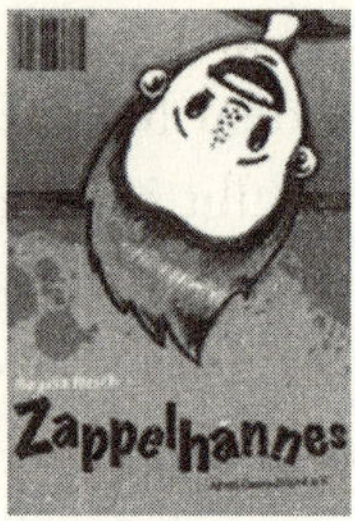

Regina Rusch
Zappelhannes
Verlag ADHS

Ursel Scheffler
Kommissar Kugelblitz
in New York
Egmont Franz Schneider
Verlag

Anja Tuckermann
Adile – Ein Mädchen
aus Istanbul
Klett Kinderbuch

Nachwort

Nur Mut – Wer nicht wagt, der nicht gewinnt …

Wir hoffen, die Geschichten haben euch Mut gemacht, selbst über den eigenen Schatten zu springen und in eurem Alltag mutig für euch und andere einzustehen.

Wir bieten euch dazu gleich mehrere Gelegenheiten: Denn nach dem Motto: »Wer nicht wagt, der nicht gewinnt« gibt es rund um den Welttag des Buches jede Menge Wettbewerbe. Also nur Mut und beteiligt euch an den vielen spannenden Aktionen und gewinnt für euch oder sogar für eure ganze Schulklasse einen der vielen tollen Preise.

Das Quiz in diesem Buch habt ihr sicher schon entdeckt und vielleicht auch schon gelöst. Darüber hinaus laden wir euch auch noch zu einem Schreib- und Kreativwettbewerb zum Thema »Mut« ein. Fragt einfach eure Lehrerin oder euren Lehrer nach diesem Wettbewerb, der in den Schulmaterialien zum Welttag des Buches enthalten ist oder schaut unter www.stiftunglesen.de/welttag-des-buches nach.

Außerdem könnt ihr in vielen Buchhandlungen an einer literarischen Schnitzeljagd zum Welttag des Buches teilnehmen. An verschiedenen Stationen müssen knifflige Rätsel rund um die Geschichten in diesem Buch gelöst werden – also einfach Buchhändler in der Nähe ansprechen, mitmachen und spannenden Lesestoff gewinnen!

Es lohnt sich auch bei ZDF tivi, dem Kinder- und Jugendprogramm des ZDF, reinzuschauen: Dort wird der Welttag des Buches auch gefeiert und in verschiedenen Sendungen wird es rund ums Thema Lesen einiges zu sehen geben.

Jetzt wünschen wir euch aber erst mal viel Spaß beim Lesen, Kreativsein und Knobeln und: viel Glück!